臺灣的

社區營造

策略分析

柯一青 著

許序

　　在過去歷史發展的過程中，臺灣先後有多種不同族群在這塊土地上生活，各自依其過去傳統和文化，在各地形成獨特的社區聚落，如原住民部落、客家村、閩南人聚落及眷村等。不同族群的人們，在對其所生活地方的情感依附及歷史、文化傳承的使命感影響之下，逐漸發展出族群意識及其對地方的濃厚情感。即使離開了「故鄉」，也都思念著故鄉的親人與景物。

　　臺灣在經濟快速的起飛後，工業化及全球化帶來的產業結構轉型，使土地依存性高的傳統產業就業人口快速減少，也造成了人與地的疏離感。臺灣各地的工業或都市地景並沒有過多的差異性，常具有相當程度的相似性，使地方感容易漸漸的喪失，降低了社區的凝聚感，人也就越來越朝自我為中心發展。為了解決如此的問題，「社區總體營造」是臺灣長期以來的政策，其目的是希望基層社區組織可以動員社區本身的資源，靠自己的力量經營社區，期望可使社會的體質產生改變，改善因社會結構改變所造成的社會問題。在鄉村中，由於人口的外流，鄉村生活也正快速的轉化，社區總體營造就是要將原有的地方感召喚回

來。在大量移民居住的都市或工業發產區，則是必須營造一個新的地方認同感。

　　此書收集了許多臺灣從事社區營造的案例，並分析了許多社會轉變的現象，社區總體營造雖然類型與種類很多，但無非是要創造一個過去曾經存在於心中的家。社區總體營造實施至今已有多年，有可稱許的地方也有仍待改善的地方。看過這本書的讀者將可從中了解社區營造的真實意義與經驗。許多過去的社區工作者懷抱著理想永不放棄，臺灣的生活環境才會更進步更好。當然，我也希望讀者們能確實運用書裡所提到觀念與方法，確實又有效的發展自己的社區，而且能在享受這個成果之際，繼續支持臺灣的社區總體營造運動，讓我們可以再接再厲實現我們的夢想！

臺北市議員　許淑華

2015.6.28

陳序

　　過去臺灣的農業社會，村莊內的廟宇輪到今年做醮，同村莊裡的人有錢出錢，有力出力，家家戶戶總動員，最後擺出祭品，共同完成整個做醮的儀式，甚至邀請其他村莊的人來共襄盛舉。如此的組織與動員，不需要分黨分派，並非考對立而營造的動員。但現今社會如此面貌已不常見，由其是在都市社區中。

　　社會的變遷與衝擊造成家庭結構的改變，老年人在家庭中的地位漸衰，也使老年人失去了過去父權所給予的安全感。但在過去的農業社會中，雖並無科技產品帶給人的快速進步感，但其生活經驗智慧卻在平凡中累積。而現今在地文化的再發現即是讓人重新認識自己的家園，既而讓社區文化得以永續發展。而發展社區總有著許多的策略。如美國華盛頓州的飛夢社區，其擁有自己的國旗、國徽及郵票，這也是一種特殊的凝聚人心的策略。但必須清楚此案凝聚人心是重點，策略只具有參考價值，不應只是仿效策略。

　　當我們在自己的家鄉找到過去的傳統產業、經驗或文化，即為找到社區發展的重要元素，也就是該思考以過去

的元素來轉換成現代的容貌的方法，其實這就是創意，創意可來自溝通，也可能來自衝突。經歷無數次的協調才能創造社區日後的和諧發展，所以社區的營造是社群意識重建的契機。但若社區以公部門的標準作業流程來發展社區，則此種社區營造容易僵化，而發展出只會複製「典範社區」的狀況。

在現在，所有現代化的科技產業都會受到全球的經濟所影響，只有發展文化創意這件事是各國可以自己掌握的。全球化打破國家的輪廓，而文化創意產業則強調在地性，而在地文化產業加上創意將會產生不可取代性，才是國家眞正的競爭力。而當你找到社區的文化產業，您的社區缺的就是創意，如果您想要改變您的社區，本書將會給您很大的幫助，作者以案例來給予簡單易懂的社區營造觀念，讓你我的社區可以改變，爲不可多得的一本書。

臺北市議員　陳建銘

2015.07.16

高序／一本通往「社區營造」的參考書

　　一通 FB 的私訊，寫著「社區營造的書要再版，妳幫我寫推薦序好嗎？」沒有經過太多思考或掙扎，立馬簡單回應「好」。事就這樣成了，我也開始寫下生命中的推薦序NO1。

　　拿到《永續經營的社區營造策略》一書後，我相信你會跟我一樣，默默的看完，你會有種去過十九個社區的錯覺，也在短期間內陪著這些社區走了一遭社區營造的歷程。在當中你除了可以看到不同社區營造的歷程、願景外，也可看到營造中的困難與成果。所以，邀請讀者跟著作者的書進入社區總提營造的世界吧！

　　再者，該如何定義這本書呢？這是一本有關社區總體營造的案例集、策略書，以及反省書。會說是「案例集」，是作者蒐集全臺 52 個不同向度案例；會說是「策略書」，是從案例中看到不同社區的營造策略；會說是「反省書」，是從策略中反省自身社區的營造議題。所以，簡單說這是一本通往創造自己社區特色的工具書，雖然其他無法照本宣科、依樣畫葫蘆照做，但可以讓所有讀者開始思考、反

省，面對自身的社區時，如何凝聚社區共識自主、如何在地動員，如何結合在地特色發展社區、營造社區。

最後，想分享我在封面看到的一段話，也許可以為社區營造做很棒的思考與反省。「社區總體營造……，這理念期待政府與社區形成一種新的『夥伴關係』……，但先今執行的情況，政府單位的介入，常造成干預自主社區的成長。」由此可知，一個社區營造要能成功，必須擁有自主性，不要讓政府成為社區營造的絆腳石。

這本書提供許多社區營造的成功案例，用簡單的詞句與篇幅，提供一個想通往「社區營造」的參考書籍，我將推薦給所有讀者。

高慧如

2015.07.28 於臺南

作者序

　　迎向全球化到來之際，人們開始追求精神的交流、心靈的充實與安定，過去以經濟發展為主的生活方式已漸漸讓人感到失落，反而懷念起往日以鄰里宗親同庄同姓所聯繫的社區型態，造就社區總體營造運動興起的契機。然而，社會不停在改變，已經失去的凝聚力要再找回實在不容易。而社區營造的實踐需要一些策略與方法，本書將這幾年所見的營造案例或見解彙集成書，提供後續推動者的參考，然而，臺灣人總有著新的創意與策略，許多案例也不斷的出現，我們期待社區營造可以在正確的觀念下繼續的蓬勃發展下去。有些案例以體驗民族文化的族群觀光、接觸農村的自然及日常生活、與住民愉快地對話的綠色觀光、維繫及營造地域整體文化的社區博物館等型態而表現，也有許多特別的策略來聯繫居民的向心力，但是這些絕非絕對的標準作業流程，社區營造也非以所謂的教戰手冊或守則就可完成，社區營造最重要的是使人們對自己所生活的地方感到榮耀，進而懂得品味營造過程所付出的喜悅，凝聚社區的向心力並創造出豐富的地方文化。

　　現今社會認知的文化，普遍認為社區只要有了產業，

自會產生文化，但並不是如此的容易。以喝咖啡為例，咖啡的本身並非是文化產業，如何喝咖啡才算是文化產業，連同為完成喝咖啡這件事所衍生的程序、活動或器具等，應該才是真正的文化意涵。如何找到社區的特殊文化潛力，利用社區重要元素將人心凝聚起來，才是真正的社區總體營造，反之，在缺乏社區人心凝聚的情況下，社區則容易被外來的商業行為而破壞，甚至社區原有住民漸漸的離開，變成一個充斥外來投資客的商圈。沒有社區的基礎下，就容易隨著政經社會的變遷而頹敗，期望這本書可以給予讀者正面的意義，更深入的去體驗社區經營者的用心，亦可供環境教育及通識課程中之教材。本書並為單純的宣導社區營造的成果，而是從各種現象去探討社區總體營造原始的態度與樣貌，希望臺灣會更好。

買了本書的讀者，如果您的社區有著好的發展理念與概念，您可寫電子郵件告訴我，讓我去參觀您的社區介紹給大家，讓社區營造的理念能在臺灣紮根，夢想才有實現的可能。

柯一青

kegreen@seed.net.tw

目錄

目錄

前言

　　過去一般人對家的感覺就像是看到了「巢」的感動，「巢」總是給人快樂家庭的感受。臺灣過去傳統的農業社會與現今都市社區對家的歸屬感已經截然不同，從前的人回到家就等於回到了「巢」，歸屬感十分強烈。不論是否到城市謀生或唸書，原來的「巢」永遠存在著過去的回憶。這種記憶包括從前經歷的人、事、物，不僅僅是在「巢」所在的位置，還包括鄰近的親戚宗親等等所給予的大故鄉氛圍。所以與其說我們是創造了社區營造這樣的政策，不如說是在面對現代化與全球化社會的潮流下，尋求人與人的關係的一種修補的策略。這並非是一種新的策略，而是一種反思。就如現今常談的市民社會，其實也是源自於過去希臘的城邦以及羅馬共和時期的概念。

　　如何設計您的社區?其實不要急著「設計」社區，必須先處理社區內人的問題，而這個問題可能是任何面向，而所謂處理人的問題，並非要剷除異己，而是要尋找人與人互動的策略，建立一個可以進行團體設計的方法，但這也是社區營造最困難的起頭。許多社區其實在實踐社區營造都操之過急，僅希望快速的可以看到「成果」，但往往會讓

一切努力變調。本書並非要宣傳哪些地區的社區營造成果，更不希望其他社區用仿效的方式作為主軸，而是期待在社區居民發展社區時，可以用更正確的態度尋找到可永續發展的方向與理念，並在追求夢想的同時可以解除人的隔閡與猜忌，成功維繫社區居民的情感。

　　有些人認為，現在是個科技化的時代，為何還要用實際的面對面溝通方式？事實上科技化絕不能取代一切，利用社群網站成立的網路社團中的朋友，其實互動也多只在網路上，而且社群網站的建立的目的應為人所運用，而非讓人只置身於虛擬空間中。本書並未加入許多困難的理論，因為並不希望推動者將社區營造變成一種困難的「專業技能」。期望許多人都能深耕所在的社區，讓社區居民都能充滿熱情。就算是以觀光為社區營造策略，也是要創造能讓許多人願意不斷的重覆去體驗或感受的社區，當然許多人並非只包括住在臺灣的人。社區如要發展觀光，主要應該是希望來的人可以感受社區的生活，不要讓觀光的行為變成一種環境負荷及生活干擾。最重要的前提是自己要愛自己的社區，願意永續的延續社區傳統與生活環境。所以，設計您的社區之前，您可參考本書舉例的策略，仔細規劃您的社區發展目標，您的社區營造推動將會更順利與圓滿。

第一章　運用社區再生的力量——營造永續發展基礎

鄒族部落 vs.經濟開發

位於嘉義縣阿里山區的山美村是一處（TSOU）鄒族部落，組織為嚴格的父系氏族組織，以大、小社分脈聯合的政治性組織為主，過去以豐富山林與溪谷的資源自給自足。日治時期，阿里山成了掠取木材資源的工廠，山美的樟樹也難逃經濟掠奪下被砍伐的命運，隨著樹木不斷的倒塌，達那伊谷的動物自然是四處逃竄離開原來的棲息地，豐沛的魚群也開始被捕殺來食用。在 1970 年代末，阿里山公路開闢，高山茶種滿公路沿線，山美村居民的自給經濟開始改變，雇主以豐渥的薪資雇用當地居民做揹肥料、採茶、製茶及除草等雜務，被迫成為破壞加元的幫手。便利的公路開通，也帶來了違法傾倒的土方和濫闢的茶園，嚴重影響了當地的山坡地水土保持。受到如此工業化的影響後，原本部落經濟漸漸瓦解，年輕人口嚴重外流，達那伊谷被劃歸為水源區與保安林的範圍中，澈底切斷鄒族人與這條溪谷的關聯。原本與山美人的生活緊密相繫的溪流，成了政府資產，失去聖地意義的達那伊谷和其他臺灣河川

一樣，人群隨興的在達娜伊谷溪炸魚、毒魚及電魚，不出幾年，曾是鄒族聖地的達娜伊谷溪[1]，已遭嚴重的破壞，部落居民開始察覺到環境破壞的警訊，也清楚的發覺到山美社區的潛力所在，決心搶救山美的生命之河。

地方環境覺醒與努力

七〇年代的臺灣，生態保育(Ecological conservation)的觀念雖已漸漸萌芽，但在當時經濟取向的臺灣，其實並沒有如何復育一條河川的成功前例。為了恢復部落河川美貌的願景，當時的村長及部落幹部逐一拜訪部落長老，一步一步喚回長老們的感情與記憶，終於獲得五大氏族的同意。找到社區內的影響力，是件很重要的事，繼而誕生全臺灣首創的河川自治公約，公約中明定：達娜伊谷是山美村全民共有的財產；拒絕政府任意委由財團投資開發；十五歲至五十歲的山美人，都有義務保衛達娜伊谷。1995 年臺灣第一座社區自主推動的「達娜伊谷自然生態公園」揭幕，社區居民的美麗夢想，終於初步實現。他們除酌收清潔費以作為維護環境之用外，也考慮溪中生態的平衡，在雨季和魚類繁殖期開放曾文溪供釣客垂釣，並提供魚苗賣給養殖業者。生態公園的收入成就了社區福利、文

第一章 運用社區再生的力量──營造永續發展基礎

---

[1] 達那伊谷原本是鄒族敬畏的聖地，屬於那裡的魚與所有動物都不能捕殺，當獵人帶著狗經過達那伊谷時，必須用項圈綁在狗的脖子上，不能讓狗在聖地中任意撒野狂奔。

化承傳和農業改造的基金，舉凡老人安養、學生獎助學金、急難救助、結婚補助及生育補助，都是從社區自主觀光收入來支付的。「如果我們善待達娜伊谷，達娜伊谷將會反哺我們。」，推動人對部落族人的承諾，終於被印證了，更難能可貴的是年輕人逐漸的再回到部落裡工作，積極的投入社區營造的心非常強烈，藉由對於地方的認同轉而對地方文化的驕傲，重現「高山青，澗水藍，阿里山的姑娘美如水啊，阿里山的少年壯如山」歌曲中的美麗畫面。這是少見的社區完全自主的案例，社區民眾自己規劃自己的未來，也成功達到初步的理想，生活得以調節，感情也更緊密，社區營造的實踐在原住民部落中完美的呈現，其實觀光只是部落的策略，重點是達到部落重建的理想。

八八風災後的社區再生

　　八八風災後，達娜伊谷被上游巨大石塊的所掩埋，園區內原有三座橋跨過，全部被沖毀，原本魚蝦成群，綠樹掩映的達娜依谷溪自然生態保育區，河床已是土石一片。辛辛苦苦所建立的家園就這樣被風雨無情摧毀，生態受傷頗重，但也因之前所凝聚的社區向心力，使部落很快的動了起來，很快的恢復部落的生氣，而在協力重建中，人的心又再次的凝聚，也更加的團結。2011 年重新開園後周末假日遊客量很快的恢復，雖然不能跟鼎盛時期一個月動輒十幾萬人相比，但已經看到了希望，雖遭風災侵襲但也因

此許多圍繞在園區外與部落無關的攤販也漸漸消失。部落團結的力量就如小鯝魚逐漸回流，象徵著山美部落族人的活力也正逐漸復甦中，讓我們看到鄒族部落堅韌的生命力。

自主社區才能永續經營

這個案例之所以成功，在於居民自主尋覓地方在現代化衝擊下的魅力，以環境修護的方式發展深度旅遊魅力空間，地方認同的重構及人與環境的重構，深入而貼近社區活力的在地動員，成功營造屬於自己的環境並細心的維護，惟有深入地方改造軟體才能得到真正的成功，在地商品文化則必須與地方文化相連結才有其原始性，因為地方文化才是事件最基本的靈魂。當然這個案例自然也成為臺灣許多社造地區爭相仿效的案例，但是如以制式化複製方式推動並未能進入真的人的改造及聯繫，反而太過著重於經濟發展，看到的只是「錢景」而非「前景」。事實上，鄉村及其他非都市地區並非附屬於都市的地區，並非僅侷限在提供都市地區民眾觀光旅遊之功能，未能了解社區特色下，社造只會漸漸失去了原意。居民在社區這個文化圈裡的角色，也應該更積極更主動才能建立起自己的社區文化特色，雖同樣是以聚集產業引入經濟及商業活動，在自主社區的基礎中，卻有著不同實踐的意義。

原住民部落 vs.社區營造

　　臺灣的社區營造實踐下，原住民部落常為各社區之典
範，並非原住民較能理解社區營造的意義，而是大部分的
原住民部落並未受到社會變遷人口外移所影響，其部落凝
聚力仍是緊密的，當部落人到大都市尋找更多的工作機會
時，故鄉的節慶仍是重要的，部落的祖訓在心中也是堅決
的，人與人的情感仍是緊密連結的，並未因工作居住地的
改變而有所變化。故當人回到部落時，共同目標的凝聚也
較其他社區更為容易，有了共識即使受到大自然的侵襲或
破壞，修復的力量也較一般地區更為強大，社造的成功不
再實質空間的營造，而是能將人與人的心真正的串連在一
起，這個案例傳達的價值是原住民對待土地的友善態度。

圖 1-1：溪中巨石嶙峋，清水潺潺，回歸尊重環境的觀念，順應自然才
能創造永續的生活環境。

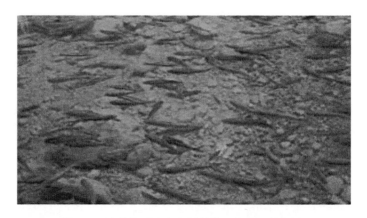

圖1-2：清澈的溪流與魚群就像一幅美麗的圖畫。

第一章　運用社區再生的力量——營造永續發展基礎

圖1-3：以社區營造為基礎，減少生態足跡及生態包袱，才能成為真正
永續發展的的生態社區與整體環境。

圖 1-4：社區居民在這個表演場以鄒族傳統的迎神、小米祭的歌舞表演
來呈現，表現出傳統文化的特色。

圖 1-5

圖 1-5、1-6：讓外來的旅客融入鄒族的生活，人在互動中成長，並非一
般迎合旅客口味的觀光區。

圖 1-7：用傳統生活器具來營造出更具風味的食物。

圖 1-8：達娜伊谷入口意象。

圖 1-9：重建的達那伊谷加上部落團結重建的故事後，更加迷人也更令
人感動。

圖 1-10：達那伊谷迎賓舞。

圖 1-11：達那伊谷吊橋。

第二章　以失落空間為主體的社區營造策略——以民雄鬼屋大與大士爺廟為例

　　日治時期的民雄（打貓）因爲製糖產業興起而成爲嘉義縣最繁榮的地區。打貓的劉家古厝（民雄鬼屋）及三級古蹟大士爺廟至今都保留了早期珍貴的史蹟及建築特色，近年來又以民雄鬼屋最爲有名。位於民雄鄉文隆村的劉家古厝，爲劉氏望族於西元 1929 年所興建的三樓建築物，屬日治末期的仿巴洛克式建築，由其華麗的建築形式不難想像當初落成時的榮景。後來劉家人不知何故陸續遷出，致年久失修的建物遭樹木攀藤，在歲月淬鍊下劉家古厝雖仍然堅毅的聳立著，但空間卻已充斥宛如許多鬼片拍攝場景的恐怖氛圍，許多繪聲繪影的傳聞油然而生，廣大庭院及建物漸漸被荒煙蔓草所淹沒後，更被傳成鬼影幢幢的民雄鬼屋。近年來在許多所謂的通靈者不斷的宣傳下，劉家古厝成爲臺灣十大鬼屋之首。但原本人人避之唯恐不及的失落空間，卻可能在此空間背景下弔詭的成爲社區再生的契機。鬼屋與神殿，其實是性質一樣的空間，端看如何認定，同時也是提供民眾接觸另一神祕世界的機會。大家怕

鬼又想見鬼，一棟偏僻的廢棄豪宅，卻會弔詭的吸引了許多好奇的人前來參觀，這裡瞬間轉化為充滿神祕美感的魅力空間。在民雄這個地方，廟宇卻漸成為了配角，前往民雄鬼屋之前可以先去廟裡拜拜求心安，再前往鬼屋試膽，2011 年大年初一至初四去民雄鬼屋「行春」[2]的人就多達千人，天天都有人上門找鬼，從早到晚平均每小時有上百人出入民雄鬼屋，單日客流量上甚至還曾近兩千人，彷彿就是到民雄與阿飄拜年。這樣的情況也使原本遷離民雄的劉家子嗣再度回到這裡經營咖啡事業，姑且不論是否合宜，但卻也打破了許多改善、改造或拆除地方失落空間(Lost Space)改善社區環境的傳統社區營造觀念，新文化與舊事務無縫接軌融合的十分自然。

民雄鬼屋從失落空間到絡繹不絕的人潮，也就在這幾年的轉變。社區營造的策略常希望社區居民藉由營造獨特有風格的社區風貌、優雅有品味的生活環境及具效率且方便的公共設施(public facility)，來改善「醜陋」的社區風貌，並尋回失落已久的空間魅力。但這個案例告訴我們，尋找社區的魅力與潛力並沒有這麼制式化，臺灣近年來部分閒置空間不斷興起再利用的概念，主要來自國外「棕地」(brownfields)之稱的被廢棄、閒置或未充分利用的房舍廢棄土地失落空間再利用的觀念，故在地方上也一度出現將民雄鬼屋改成大飯店的聲浪，然而一旦付諸實

第二章　以失落空間為主體的社區營造策略——以民雄鬼屋大與大士爺廟為例

2　「行春」即閩南語拜年之意。

行，建築物特殊性將消失殆盡，不見得可達到活化地方的效果。社區營造推動迄今，其實仍有不少地方值得反思與檢討，其中主要是民眾參與的基礎太過薄弱，部分地方政府制定的提案及受理審查機制較無彈性，造成常因機關所謂「專業者」的意見而失去地方的自主性構思與願景。故民雄地區應接軌現代新的社區價值觀，巧妙利用地方神與鬼的特質，將地方廟宇節慶與民雄鬼屋巧妙結合，最後藉由社區營造過程提升社會發展體質，創造並引爆社區民眾的參與熱情。

裝神弄鬼文化祭概念就在於劉家古厝（民雄鬼屋）及三級古蹟大士爺廟共存的地方效應，據說大士爺則為惡鬼的首領，後來被觀音菩薩降服而改邪歸正，普渡期間為管理諸鬼的神明，或說其實是觀音菩薩化身為鬼王樣貌以降伏眾妖鬼。粧神則是代表著每年大士爺廟的廟宇慶典中的民俗活動，在這個時候信眾紛紛將神明加披風戴金牌，信眾來此體驗粧神的隆重與認識地方廟會文化及提升人文素養達到傳承與教育的機能，主要廟會活動在於每年的農曆七月中元普渡期間，最後帶著神明的庇祐參加民雄鬼屋探險之旅，同樣在俗稱鬼月的七月，民眾可同時體驗兩個來自不同空間的社區深度之旅。期望嘉義縣民除返「嘉」參予此盛會外，當然也會歡迎外地的朋友攜伴前往與會。在共同探訪與交流，激發地方居民對地方的情感與永續的關懷，也期待社區民眾發揮更多的創意，發展出許許多多的

期許和想像，自主營造永續經營的特殊社區重新綻放古建築歲月的光采。

圖 2-1：美麗的巴洛克建築隱身於樹木中，增添一份神祕感。

圖 2-2：大樹盤根像怪獸貼附著古厝，更添古厝的恐怖氣息。

圖 2-3：每個鬼故事裡都有個水井，增加故事的恐怖與深不見底的恐懼。

圖 2-4：大士爺文化祭的看板。

圖 2-5：中元普渡的紙紮大士爺像：每年在這個時候大士爺廟會有一連
串的普渡活動。

圖 2-6：在活動最後這一天的午夜，會焚燒大士爺紙紮像，焚燒當晚如
果你可以撿到大士爺像的舌頭，那麼來年就會事事順利。

第三章　以重新建立社區藝術價值的社區營造策略——五彩繽紛的空間想像：彩虹眷村

　　原來臺中市南屯區春安里是由「臺貿五村」、「馬祖二村」及「干城六村」所組成，但大部分眷村建築皆已被拆除，僅剩下干城六村尚餘。與臺灣其他眷村一樣，干城六村也難逃都市重劃遭拆除的命運，這處舊眷村在文山春安自辦重劃案中，被劃為住宅與道路用地，面臨被拆除的命運，原本難逃現代化衝擊下消失於記憶中，卻因一個八十八歲的老兵讓社區重新獲得藝術價值（artistic value）。當年國民政府迫遷來臺剎那間大量湧入的大陸移民，為解決居住問題，當時政府選擇以眷村的方式安置，本以為臺灣只是中繼站，沒想到卻在這裡落地生根。眷村內各個空間有著其不同的空間權力，一個眷村不同於臺灣傳統的宗親或宗族的群聚，卻用另一種形式凝聚起社區的向心力，軍眷間有著相同的職業，相同的體驗與理念，造就眷村特有的文化。近年來在國軍眷村改建條例的執行下，配合都市更新政策陸續改建，第一代眷民逐漸凋零，社會型態改變後眷村不再像當初受到重視與關注，反而被視為影響都

市景觀與落後的象徵。但都市更新論述在臺灣的實踐下，原有居住的居民並無法得到最大的自主權，反而建商主導了一切，大部分眷村空間被改變爲集中管理式的集合住宅，原有空間型態大大的改變，造成了都市更新政策的迷思，法令強迫人民必須住集合住宅，恐實有不妥。推土機剷平了居民安身立命數十年家園的同時，也就摧毀了原本緊密聯繫的鄰里情感，得到的結果並非更新後的新住民融入原有社區，而是原有社區的居民漸漸的瓦解而離開，就像是失去一個最親密的家人一樣的悲傷。

　　這個案例與其他社造案例有著顯著的不同，只是個總長不超過 100 米巷弄中的小眷村，黃先生對於原本要拆除「彩虹眷村」的規劃感到難過，從其 80 幾年光陰歲月中記憶刻印的人物，用許多圖像表達對眷村的感動與紀念，其彩繪各式人像、鳥、花朵及水牛，居民看到他畫的很美，紛紛支持請其也在其他屋舍繪製，我們看到他在牆壁、地板寫上「平安」及「感恩」等吉祥話，看似熟悉平凡的話語，在繁華都市中卻已不易聽到，原本人與人之間言語與言神的交流，在都市中被寫不完的冷漠標語所取代，也就因爲在這裡我們感受到曾經擁有的親切，孤寂的眷村頓時熱鬧起來。

　　多數的社造案例實踐多爲增加制式化的社造的實施，多以現代主義純粹空間的認識論模式，許多空間美感多以「視覺」爲中心、武斷強調「愉悅原則」（pleasure principle)，並未考慮人的心靈層面，在此種考量下，未能真實的改善導致疏離感的原因，空間及相關社會脈絡之間並未連結，而是斷裂的，自然許多社區自此失去了靈魂，而這個靈魂在彩虹眷村我們看到了，圖畫也許不及電腦出圖或畫家，但其手繪的圖樣個個都獨具特色，以圖畫記下心中特殊的人事物和期盼，所題的字句都是正向的祝福話語。黃先生經過 80 多年的人生歷練，體會到唯有健康平安才是福，藉由繪畫，將祝福傳達給來此的遊人，也讓人更加重視在特殊時空下所衍生的移民文化。更是勾起了許多眷村子弟對傳統眷村生活中的兒時記憶，這種記憶中的感動，其實就如海德格在《築·思·居》中指的樓居，就是一種人的歸宿感。

因為黃先生在社區居民支持下於干城六村僅有的房舍牆壁及地面作畫，形成宛如彩虹般美麗的景觀，並被稱為「彩虹眷村」，吸引許多人來這裡體會黃先生要給予人的感動。支持「彩虹眷村」的人士紛紛透過網路發起搶救行動，希望保留「彩虹眷村」。這期間搶救「彩虹眷村」的信件大量湧入臺中市長信箱，使臺中市政府重新的檢討，最後決定透過重劃的方式來保留干城六村，作法是把「彩虹眷村」原址在重劃案中規劃為公園用地，藉以保留社區的存在，這個社區就因藝術價值的提升及各界人士的自主力量，成功的免於被拆除的命運。這個案例看到的是社區個人力量凝結外來力量來維護社區的精神，可見社區營造可

用任何形式的展現與發展，在這裡沒有華麗燦爛的包裝，卻擁有的是眞實眞誠的內容。但是這樣的案例也讓許多社區仿效，甚至畫上與社區無關的圖樣，也讓社區彩繪變成另一種災難。

圖 3-1：牆上地上除圖案以外也會加註一些特殊的文字。

圖 3-2：神保富貴，充滿貼心的祝福。

圖 3-3：牆上的圖案造型生動活潑，又有特殊的規則性。

圖 3-4：連信箱都有其代表的特殊性。

圖 3-5、3-6：牆面美麗的圖案代表老兵對社區的回憶與過去。

第四章　以改善環境景觀的社區營造策略——蛻變的石碇溪畔美麗山街

邊陲的地理位置免於現代化的衝擊

　　新北市石碇區長久以來位於臺北盆地東南緣邊陲的山區，境內多山，開發程度不高且人口稀少。早期以煤礦為主要經濟來源，後來礦產枯竭後人口開始大量外移，故通常給人落後與偏僻的印象，其與鄰近繁華喧鬧的臺北市成為強烈對比，雖然因地處偏僻腹地狹小而無太大的經濟發展，過去除了聽說過登山者前往皇帝殿探險外，並無過多的旅客會在此停留，但卻也因此逃過現代化(modernization)及全球化(globalization)的衝擊，仍然保持著地方傳統的魅力與風景。

石碇特色與環境資源

　　近年來石碇開始作一些環境的改善，有別於一般社造環境美化策略，這裡採用的是修補式設計，是結合文化團體及學校在地方上做找社區潛力的事。石碇有著獨特的天

然資產，有著高山美景及美麗溪流，與天空編織成一幅縱橫於天地間的大畫卷，溪流才是地方擁有的天然資產，過去曾經有人提議想將溪流加蓋成為停車場，用來迎接更多的外來客，以利地方經濟的發展，幸好並未獲得地方政府支持，這項提議差點就將石碇最重要的資產給掩蓋了。

修補式設計——人與環境的串聯

現在石碇的社區營造策略則是創造人與溪流親近的空間，讓地方生活的活動範圍得以延伸，橋可讓人聯繫兩岸的感情，橋的設置相形重要，石碇聚落中輕巧虹橋與烏塗溪上的彎弓橋、山溪上的霧影虹橋共同構成了三道標誌聚落的聯繫空間，成功串起了兩岸民眾的交流。在溪流旁則利用木平台、石桌及石板的接連串起樹與溪流與大石之間的親密關聯，人與景就這樣巧妙的被串聯在一起。藉由溪流兩岸的連結，一種因為石碇，而與大自然緊緊懷抱在一起的人間激盪，人與人的生活交織在一起，娓娓訴說著石碇的人文風情及特有潛力。我們看到修補式設計及結合學校專業團體一併參與設計是這個社區營造的重要特色。

社區對環境設計美化的自主

面對全球化脈落下的地方競爭情勢，深刻的地域潛力挖掘是相當關鍵的。因為，任何地域想要推動社區的再造

及打造社區美景，執行的重點是否能掌握到地方潛力是關鍵。近年來臺灣社造的實踐地方景點改善常為重要的策略之一，在社造實踐技術上卻常因一些所謂現代化視覺美感的環境改善，造成社區環境更大的劫難，由於規劃者對地域性未深入的連結，這些所謂的改造因與地域性脫節，導致改造後空間失去原有的地方情感。整體環境規劃設計如僅考量著吸引人潮，增加經濟，卻完全忽略空間與地域性的關聯，僅迷失於經濟效益與產值，將會使原本屬於自己的社區轉變成為觀光景點而改變了原有的社區生活。近年來許多縣市在推動一鄉一特色的政策，希望繼而發展文化觀光事業及促進活化區域經濟。然而地方特色的尋找過於實際或草率，而且並非社區觀光經濟發展或觀光成功，就代表社區營造的成功，政府過度的影響地方的經濟發展方向，將會無形改變了地方社區的自主發展與美化的本質。

改善環境 vs.公民社會

然而石碇住民有強烈的共識，齊心營造更好的生活空間，原先居民和外地「移民」無分內外彼此融合，專家建議與地方意見相互尊重，也就是用社造來營造公民社會(civil society)的空間與環境，靠環境的整體性修補創造自給自足的公民經濟，再將環境融入在地的土地認同文化，這樣的力量集結將使得石碇成為宜人居住的有情天地。自己生活在自己的社區裡就應像在自己的家裡一樣毫

無拘束，不需因經濟活動而改變原本社區的生活，而是應該讓人參與地方的生活型態及感受，這樣的社區則更爲迷人，修補情感的環境設計理念在這裡可以說是十分的成功，有了這樣的基礎在推廣屬於地方的東方美人茶，讓午後的時光有茶香相伴，這就是臺北人所期待的後花園。

加強環境美化的觀念

很多社區會以種植花木來做環境的營造，除了種植樹木來改善環境生態，對演化論者來說，生物界弱肉強食是不變的自然定律，植物的種植應考慮以臺灣原生種爲主，過多的入侵種植物(invasive plants)是指人爲引入的非本地植物，經野生馴化且生長旺盛，並入侵到其他原生植物的生態空間，會使臺灣植物林相，將從異質走向均質，從多樣性走向單一性。而且原生種本就是適合臺灣土壤與氣候，免過多的施肥與照顧，也不須土壤的改造。這是進行環境美化時舉手可做到的環保觀念，眞正的讓環境更美好。談來雖十分容易，事實上，人已被經濟現代影響，舉例來說，某地區在沙灘辦理了沙雕季，在沙灘做了許多沙雕作品，但某日媒體報導「搞破壞！大螃蟹築巢出現大洞」，沙灘原本就是螃蟹的家，搞破壞的是人還是螃蟹？顯然以人爲中心的思考模式仍充斥著整個環境，這也就是必需進行環境教育的原因。

圖 4-1：石碇文化節活動。

臺灣的社區營造策略分析

圖 4-2：樹影溪流與橋都可增加社區生活的領域。

圖 4-3：白色的櫻花點綴石碇更加美麗。

第四章　以改善環境景觀的社區營造策略——蛻變的石碇溪畔美麗山街

第五章　維護地方流動的命脈——雙溪社區的威尼斯願景

臺灣河川原有整治方式

戰後初期，水利設施多為公務單位所興建，在經濟起飛時，並未十分注重河川環境，多採用最節省費用的鋼筋混凝土施作水利構造物，光滑的表面迫使植物無法生長，魚類等動物無法躲避及棲息，導致河川失去生機，更是無法與環境融合。土地利用價值高的區域甚至將河川加蓋變成箱涵，造成居民無法親水更不可能有生物生長，加上污廢水的污染，河川水溝化，更成為惡臭及髒亂的根源，這樣的情況漸漸引起的民眾對生態破壞的警覺心。

生態工程論述出現的契機

生態工程(ecotechnology)之觀念乃源自於德國及瑞士。意指為能夠在完成河流治理任務的基礎上亦能達到接近自然並保持景觀的一種自然對策。臺灣則於 1999 年引入生態工程論述，當時適逢 921 大地震對臺灣造成重大傷害，加上 2002、2003 年連續兩年旱災，導致民生及工業缺

水嚴重，2004 年敏督利等颱風又產生重大的水患，2004 年 12 月更發生南瑪都颱風災害。一連串的現象突顯出忽視環境面向的保育，大自然必將反撲。這樣的災害出現引起民眾群起對水土保持的重視與反省，也造就環境教育立法的契機。

專業規劃下雙溪河整治執行

然而生態工程應建立於民眾參與環境規劃的機制下執行才能使計畫得到民眾的認同，以執行「易淹水地區水患治理計畫」雙溪地區雙溪河整治為例，雙溪區是北部區域少數仍保有農村風貌的地區，雙溪河則為東北角海岸風景特定區內的主要溪流，雙溪河成就雙溪獨特的自然與人文地景，是北臺灣第四大河川，也是大臺北地區少數不受污染、依然保留原始河岸的河流。往兩岸望去，野薑花沿著溪流綻放，就像在花叢裡飛舞的蝴蝶，也讓這裡成為「野薑花的故鄉」。平靜而美麗的河岸，近期吸引許多愛好划獨木舟的遊客，悠哉的欣賞自然的景觀，畫面自在而平靜。在日治時代雙溪河是相當重要的水道，據當地耆老敘述，河中豐富的漁產，也曾是許多雙溪居民賴以維生的重要來源。2007 年中承包雙溪河水系規劃的工程顧問公司將雙溪河整治計畫規劃完成，卻都是比照基隆河經驗，遵照「25年重現期洪水設計」標準，認為雙溪河為防洪保護頻率不夠故導致淹水，這樣的分析顯未重視居民生活經驗，僅在

制式化水理計算公式裡打轉，規劃後兩岸自然植被被挖土機剷除，原本自然邊坡變成了「生態工程」下的蛇籠。在地方來說，走在原本的道路上，堤防阻擋了一切的視線，原本拂面而來的清風被阻擋，河水映著藍天青山綠竹的景象也將消失，即成為瑞芳、八堵或汐止擋土牆的景象。地方民眾普遍都認為是廢耕政策讓許多水稻田消失，致使雙溪河流域土地保水率降低，再加上 85 年雙溪開始進行北迴鐵路電氣化與福基公路兩項重大建設，這兩大建設當初規劃未尊重原有水文及地方景觀，破壞了原有水流路徑及原有土地自然洪泛調節機制，這才是導致雙溪一連串水患問題的根本原因，這是水利專業者所未考量到的因素。故地方居民拒絕接收傳統破壞生態的防洪治理方式群起嚴重抗議，經過生態保育團體與地方居民及代表抗爭下，期望改變現有破壞現況的治水方式以維護社區的命脈，97 年 12 月 23 日當時的政府官員到雙溪區參加健康城市會議，當地居民全力動員，迫使承辦單位及規劃單位重視環境維護問題，並將說明會定位為社區工作坊，加強社區居民的互動，雙溪河才出現回歸在地居民願景及想像的契機。

發現地方的特色與願景

　　雙溪在文字記載中於清朝乾嘉之際即開始開墾。牡丹溪和平林溪正好在此匯流,這也是雙溪地名的由來,在平林溪流域附近,呈典型的河階地形,最主要的地景就是梯田

與茶園，現部分梯田已經休耕。除此之外雙溪還擁有金礦、煤礦、砂金礦及水銀等資源，煤礦亦為雙溪早期重要的產業。在採礦盛期的年代，雙溪人口曾高達二萬人以上，但到了 70 年代，煤礦資源逐漸枯竭，而深層挖掘成本增高，雙溪的礦產則開始逐年蕭條，現人口已大量流失。現在雙溪市集最熱鬧的長安街曾是頂雙溪碼頭，形成的型態與其他老街類似，可以見得水與雙溪的關係曾經是如此的密切，不論如何規劃都必須從雙溪水域之生態特性著手才是。

臺灣長期以來規劃者自我及主觀的設計，忽略使用者之心理及對社區環境的尊重，即使制定了環境影響評估法，也只限制了部分規模工程必須先施作環境影響評估（environmental impact assessment），事實上無論任何的開發或環境規劃都需由下而上，尊重使用者經驗及環境的維護，居民對於當地的水文水理有著不同於水理計算之自然經驗，許多耆老對水溢滿至一定高度推測即可明確預知溢堤的時間，這是一般水理計算無法得知的自然經驗規劃者應予以重視。

這個案例中我們發現社區的力量不只是在城市，在雙溪居民反對破壞生態的河川整治及平溪居民反對興建水庫相關抗爭即可得知，民眾之生態觀念已逐漸覺醒中，社區的力量已經在萌芽。臺灣在面對全球化的衝擊下，產業有增加競爭力之必要，然而若只在意產業開發忽略了永續發

展，生態保育便難以顧及，即使以觀光客爲主體的觀光產業都應該被以「社區生態」爲主體的生態產業所取代，就算是經濟產業也應融入地方，例如便利商店如果設在製陶文化遺址區，應捨棄其原有型態，也許就是以製陶型態來呈現，這就是對地方的尊重。

總言之，生態工程的出現不僅是在回復河川原貌，更應有整體的區域計畫與規劃，而規劃者必須尊重社區對未來的詮釋及發展想像，以社區營造爲基礎，落實地方參與機制，於規劃初期即廣納地方經驗與建議，減少生態足跡及生態包袱，才能成爲眞正永續發展的的生態社區與整體環境。雙溪居民終於力挽狂瀾，憑藉著自主的力量與對當地豐富的知識，成功地扭轉了雙溪河被「改造」的命運。未來雙溪河將流向何方，有何願景，現在當地居民已有自主規劃的力量，我們期盼雙溪地區未來能成爲屬於臺灣的威尼斯。

臺灣的社區營造策略分析

圖 5-1：以石籠堆疊的護岸，破壞了原有的生態。

第五章　維護地方流動的命脈──雙溪社區的威尼斯願景

圖 5-2：混凝土護岸讓護岸變的光禿禿不易生長植物。

圖 5-3：獨木舟的活動使河面更美麗。

圖 5-4：雙溪河平穩的水流給予人祥和的感受。

第六章　以建立地方文化特色館的社區營造策略——北投溫泉博物館

社會環境變遷，空間機能轉變下的北投溫泉浴場

　　由於經濟發展 (economic development) 與工業化 (industrialization) 所衍生的都市化與現代化過程對傳統環境之破壞，造成了知識分子與都市裡文化菁英的抗議，大約是在 1970 年代中期，臺灣的歷史建物保存才漸被重視。古蹟保存運動形成了社會與政治壓力，推動了 1982 年文化資產保存法 (Cultural Heritage Preservation Act.) 的通過，以及 1984 年完成文化資產保存法實行細則之制訂，開始了許多以歷史建築物為主的古蹟保存活動，也間接影響了社造的型態。從 1995 年開始以古物古蹟規劃類型，一方面受到文建會的極力推動，另一方面以地方古建物古董為社造主題的案例漸漸崛起，其中北投溫泉浴場原建於 1913 年佔地約七百坪，是仿造日本靜岡縣伊豆山溫泉建築物兩層樓英式磚造建築，為當時最大的公共溫泉浴場。一樓為磚造浴池，二樓為木造休息區。戰後，此浴場曾一度成為民眾服務社及游泳池，之後就不再使用，任其荒廢。

圖 6-1：仿日本靜岡縣伊豆山溫泉的北投溫泉浴場，建築為兩層樓英式
磚造建築。

意外的發現重拾昔日的懷念

　　1995 年期間北投逸仙國小的一群師生校外教學中發現
這荒廢的浴場，這個曾號稱東亞最大的北投溫泉浴場，具
有保留意義與相當的歷史價值，但因光憑學校的力量並無
法使該建物獲得妥善的處理，後經社區居民對史籍的研究
與四處探查下，才發現一度被當地人視為鬼屋的老舊建
築，竟與北投有著一段無法割捨的歷史。

市民組織起來，造成保存的力量

　　經幾次陳情都沒有下文，也充分表現出當時的社會背景，並不重視文化資產的狀況，最後透過社區連署方式向當時的臺北市長陳情，很快就指定成了三級古蹟，並與當地居民開始組成推動小組，推動成為「居民親手打造自己社區的博物館」。積極地向臺北市政府申請，保留將這個公共溫泉浴場成為「北投溫泉博物館」北投溫泉博物館是國內第一個由社區民眾自發搶救下來的古蹟蛻變而成博物館的案例，原來被視為北投文化的象徵以及社區精神的體現，也是地方自主營造博物館願景的重要成功案例。

圖 6-2：「北投溫泉博物館」是國內第一個由社區民眾自發搶救下來的古蹟蛻變而成博物館的案例。

　　透過社造而成立社區博物館的雛型已經浮現，而北投

溫泉博物館的案例重點在於社區自主經營的精神，並非興建博物館就可使社區達到怎樣的商機，如果未能深刻了解地方定位，只為了經營而經營，所衍生出的許多蚊子館，即會只有短暫風光，而無法永續發展（Sustainable Development）。

尊重地方無法取代的在地集體記憶，創造新的社區願景

每個社區都應有其特色及其各方面的潛力，但都必須建立在社區參與的機制下，博物館的建立或許真的有一定的商機，也許真的可以使環境改善。環境的改善及改變實際上是一種精神的療癒，唯有地方自主營造的環境才能達到最佳的癒療效果，不當的商業化對社區或許會是另一種的破壞。民眾不能只能期待選舉當選者來改善現況及環境，這樣只會漸漸失去社區自主的能力，必須靠自己的力量來規劃社區的未來。社區為公民社會發展的策略，不能被誤導到視社區為靜態被動的客體，被政府或專業團體所塑造。專業者如果無法做到「與地區居民共同規劃」（withpeople）提升到「由地區居民自己來規劃」（bypeople），原本草根民主的社區就變成仍需對抗所謂的專業者所造成的影響，故規劃的團隊必須融入地方，尊重社區意見而非以「專業」來改變社區的願景。

圖 6-3：館內志工帶學校學生清潔地板。

　　以建立地方文化特色館的社區營造策略，對北投居民來所說老舊而閒置的北投溫泉浴場，蘊涵著新建物所無法取代的在地集體記憶，這個老舊建築物除喚起了當地民眾組織起來將它保存下來，最難能可貴的是博物館用自主經營的方式，由社區民眾親自「參與」地方文化特色館的經營，這個案例不僅只是古建築生命的延續與再生的成功，更是成功將人心聯繫起來的重要案例。然而社區內有意義的建築物並非只是古蹟或歷史建物。舉例來說，如位於桃園市復興區的原住民卡拉部落，其諾亞方舟造型的加拉教堂就位於社區的一大亮點，更為居民的信所在。

圖 6-4：國小鄉土教學與歷史回顧。

圖 6-5：從北投圖書館遠望溫泉博物館。

第七章　以地方文化節做為社區營造永續發展策略——以三義客家桐花祭為例

　　「社區節慶」顧名思義就是由社區辦理的節慶活動。「節慶」(Festival)是意指大家聚集在一起慶祝或感謝的活動。節慶活動與神話、宗教和族群傳統都有一定的關係與連結。近年來被視為是建立社區特色，營造團結形象及贏得競爭優勢的必要策略之一，故各地方社區各種地方節慶相繼不斷的出現，目的多僅是係針對某一特定的主題，事先透過安排活動，然後公告活動的預計內容與時程，並採取公開的方式進行慶祝或展示，以達到吸引外地遊客前往活動地旅遊消費。事實上，這樣的活動辦理並無法與社區真正聯結並在地方深根。

　　讓節慶活動扎根在自已所在的社區，融入當地民眾生活當中，融入社區環境景觀及地方產業當中才是最重要的。活動如並非社區居民自主性辦理，最後只有將活動委託給一成不變的公關公司執行，節慶活動自然是和地方是脫節的，民眾參與被侷限在參加活動而非參與活動規劃，參加活動的人多也並不代表活動成功。同時，探究社造活

動舉辦模式如未考量地域性，而偏重經濟效益，則除了提振經濟產值、觀光效益及政治計算，事實上已脫離了文化內涵與社區深耕的長久意涵。

面對全球化脈落下的地方競爭情勢，深刻的地域潛力挖掘是相當關鍵的。因為，任何「地域」（LocAlity）想要推動文化的再造及打造社區美景，是否能掌握到地方潛力是最為關鍵的。這在於臺灣社造活動的舉辦是相當重要的一環，在社造實踐技術上卻常因一些所謂的文化季活動的舉辦，反造成社區更大的劫難，由於對地域性未深入的連結，這些活動因與地域性脫節，地方僅考量著吸引人潮，增加經濟，卻完全忽略活動與地域性的關聯，所有夜市文化充斥著整個活動，迷失於經濟效益與產值，僅以此做為評估活動效益的指標，那麼臺灣有許多能夠深化社區與文化內涵的活動根本無法存活，現以三義客家桐花祭為例，簡述文化與節慶的連結。

桐花就是油桐花，栽種約兩年就會開始開花結果。每年到了四、五月，便會開出滿山遍野純白的油桐花，朵朵散落在其他樹葉、建築物屋頂或產業道路上，遠遠望去產生一種如雪片覆蓋的詩意景象。油桐樹主要生長在桃園、新竹與苗栗一帶山區，也正好是客家人所聚集居住的地方，故當然與客家族群有很大的淵源。追溯油桐樹的種植起源，約為民國四十年代，當時臺灣商人為因應日本大量的木材市場需求，最早由客家人引進種植。其實種植者原

本是要種梧桐樹，但由於梧桐經常染病不易照顧，就以材質類似的油桐樹來作取代，而日本人也不疑有他，繼續以梧桐樹之高價與臺灣商人交易，導致原本沒有種油桐樹的人也都開始搶著種。由於油桐樹長的比梧桐更快，大量輸出油桐的結果終究被日人發現，從此拒絕再向臺灣採購梧桐。當年緣起於「仿冒」而搶種的山寨版梧桐樹，迅速變成一文不值，只能任油桐樹滿山蔓延，造成今日客家山區遍布油桐樹的現況，反而因此保留客家村的潛力。

油桐花之所以會和客家文化關連在一起，成為三義客家桐花祭主角，主要是因為油桐花大多生長在客家村。若少了客家村與文化傳統的陪襯，油桐花將失去族群與文化脈絡的想像，而成為只是生長在某個山區的花海，除了美觀外並無實質的意義。近年來的客家村凋零已是普遍現象，猶記十年前進入桃竹苗客家村莊，都有著濃厚的客家意味，現今已大不如前，年輕一輩能講客家話已經是十分難能可貴了。故三義客家桐花祭中應以客家村的永續經營的社造做為基礎，必須讓當地的客家民眾實質的去參與整個活動的推展而並不只是參加，如此一來不但能夠結合當地客家人的特色，也能提升當地居民投入感及參與感，更能加深整個活動辦理的深度與感動。

三義桐花祭節慶活動的舉辦過程，如能保持社區營造的理念、方法和目標納入其中，讓油桐花與客家村的精神相互襯托，才能令遊客感受到客家桐花特有的文化情意及

客家精神。當地自 2002 年的客委會主辦地方政府協辦的活動主題訂為「看見桐花，看見客家」，2003 年「賞桐花，遊客庄」至 2011 年「桐慶花舞客庄」，已開始結合地區鄉土特色與自然景觀，由各地方政府、遊樂園及勝興車站參與辦理，唯並無地方太多自主團體參與規劃活動內容，甚為可惜，若能落實民眾參與及自主規劃，則節慶舉辦就更有意義，這個案例也許仍有些許的不足，但大體上已以社區營造理念為根本。

近年研究檢討發現，社區節慶在如缺乏民眾參與在活動的辦理上則無法永續，臺灣普遍出現的問題在「複製化」太多，一樣性質的活動重複性高，雖然活動名稱不一樣，但節目內容卻大同小異，就像夏天到了全臺都在「燒」海洋音樂祭，光七、八月全臺這類的節慶活動有數十場，相互削弱活動吸引力及削弱資源分配的問題，再加上與地域性的脫節，「節慶行銷地方產業」成效也就可想而知。在全臺灣被抄襲複製後，成為地方派系爭取縣市或中央經費，誇言政績的擋箭牌，內容缺乏文化深度沒與社區結合。相同的如在臺灣桐花節全國都在舉辦，這個節慶如僅欣賞花的美，而花與地方文化缺少連結，則毫無地方性可言。經由調查辦理節慶的案例發現，除了在於創造地方經濟價值，有許多並未考量地方文化的永續性，以及考量地域性的文化及民眾參與，當各地在「創造」節慶的同時，往往檢討經濟利益不如預期時，難以再投入經費繼續

辦理的狀況。

　　社區節慶是當前世界各國突顯地方文化特色及帶動社區再生發展的策略。在社區總體營造概念啟動下，臺灣的社區節慶漸漸蓬勃發展，但是也帶來一些負面的影響，以前我們記得過元宵節時，家家戶戶提燈籠，到處都有節慶的感覺與感動，但在近年來政府主導的嘉年華會型式節慶興起，似乎元宵節只有在特定的地點才會出現提燈籠的場景，其餘各地小鎮卻漸漸失去了過節的氛圍，在節慶本意越來越被淡忘時，如何凝聚民眾自主參與意識，真正達到社區永續發展的目標，才為社區節慶辦理時必須審慎評估的問題。

　　反思節慶活動這個問題在臺灣的演變，從前臺灣除了一些包含政治意義的「節慶」由政府主導外，節慶多為民間自主辦理，政府機構所辦的活動，也都會尋找學校的社團來協助。舉例來說，與社會局有關的活動就會尋找學校的慈幼社或慈愛社來協助。但現今學校社團瓦解，政府所辦的活動演變成委託商業活動專業單位單位來辦。活動的意義及雷同性也漸漸出現，變成辦理任何活動都變成類似園遊會的型態，久而久之無法顯現地方活動的意義，這是近年來的改變，也是隱憂。

圖 7-1：滿地的桐花地毯，有著雪景般的美麗。

圖 7-2：山區濃霧瀰漫的油桐花更添幾分詩意。

圖 7-3：夾雜在綠色中的蒼白，如同葉片上積了雪。

圖 7-4：2010 客家桐花祭「桐舞春風　樂揚客庄」活動民眾熱烈的參
與。

圖 7-5：滿山的桐花就像下雪一樣美麗。

圖 7-6：桐花亦可見證每對美麗的愛情。

圖 7-7：滿山遍野的油桐花。

臺灣的社區營造策略分析

第八章 以工業產業遺跡的社區營造策略——今生今逝煤完煤了猴硐區域發展

　　日治時期，因猴硐居民以採礦維生，不喜歡礦坑洞裡有水，而將猴洞改名「猴硐」，也有一說是指，其實「猴硐」只是平埔族語所稱的 hotton，也就是猴子的意思，與採礦並無關聯。而猴硐煤礦一開始則為日人所經營開採。1934 年財油臺灣人李建興自創瑞三礦業公司，承包猴硐的礦場。1944 年日本警察以李氏家族及礦工謀反為由逮捕五百多人，直至二次大戰結束日本人無條件投降，始獲釋出獄。正因遭逢如此之變故，使李氏發覺與執政者保持良好關係的重要性，更影響了後續猴硐的發展。日治末期的猴硐因大量採礦，改變了原本的空間結構 (space structure)，當產煤的消息傳開後，許多佃農及各行各業的人攜家帶眷的來到猴硐這個新興的礦場，有別當時以家族宗親凝聚的部落，礦業重新聚集了一個新型態的聚落。但在日治時期這些礦工並沒有長住下來的打算，也就是心中的「家」還在原遷出的地方，當以生命積蓄了一些存款，總是會在回到原居地，從當時猴硐多數房舍為簡陋的

搭設及帳棚即可得知，這就是當時猴硐地區主要空間結構。

圖 8-1：猴硐的運煤橋：橋樑基礎為日治時代的結構物。

臺灣光復之後，李氏搖身一變成了抗日英雄，其參加「臺灣光復致敬團」覲見蔣介石，返臺之後成為首任官派瑞芳鎮鎮長，同時他買下猴硐所有的礦權和設備，猴硐儼然成為政治與經濟結合的地區。戰後的猴硐在政治與經濟串連後，經濟資本家轉變為瑞芳鎮長，猴硐成為旅人的新故鄉聚落（Clusters）儼然成型，石造、木造及磚造建物沿著基隆河及山坡大量的出現，與九份、大粗坑金礦開採時間比較下，猴硐煤礦開採晚了許久，故在九份及大粗坑金礦開採殆盡時，猴硐正是煤礦開採的全盛期，許多九份

跟金瓜石的礦工陸續遷到猴硐，這群較晚的近距離移民，約聚集在粗坑口一帶定居，在此時猴硐的主要聚集型態已經成形。在當時猴硐就像一個家，許多鄰里間的糾紛也都由瑞三來協調，瑞三公司造就了猴硐的礦業王國。

美景不長，由於採煤深度越挖越深礦業的利潤逐漸薄弱，礦產開採漸漸出現不敷成本的現象，加上鐵路電氣化及民國 73 年臺灣發生三大礦區災變，導致執政者對煤業政策開始改變，所以瑞三煤礦也在民國 79 年宣布停產，在產煤時外地來的礦工很多都還住在工寮，因為工寮是「同礦公會」出資興建，而同礦公會的錢是從礦工薪資中抽一部分集資所興建，也就因此奇妙的保存了特殊的礦業社區得以不在礦業停產後立即被瓦解。

圖 8-2：消失的村落-大山里：草叢裡藏著許多消失的房屋，代表大粗坑過去挖礦的歷史。

地方博物館在北投溫泉博物館成立後，地方博物館如雨後春筍般出現。此時在臺灣逐漸開始興建一系列的產業博物館，漸給予社區民眾興建博物館即帶動經濟的觀念，使得地方政府原有意興建猴硐煤礦博物館的念頭，急著規劃著將原本礦業遺產「轉型」改為商業價值，原本重要的精神場所運煤橋也在「專業團體」的規劃下，本欲搭上現代化霓虹燈光演出。但在地方社區居民的不斷努力下，所有的規劃漸漸改以保留現況為基本依據，原住居民得繼續自主規劃社區的未來，此時社區自主規劃的力量展現無疑。如何維持猴硐的獨特性與跟上全球化浪潮的取捨中，以深度體驗旅遊抵抗經濟化帶來的地方破壞，為該區域以工業遺產再活化論述，這是地方在引入經濟活動前所需做好的工作。

事實上，如何完整展現一個建物於各時期代表的歷史意義比建築物本身更加重要。所以除了宣傳地方實質的建設、地方活動、導覽手冊、宣傳單及紀念碑外，更需要部分的故事性，這樣的宣傳方法比任何活動的舉辦更加有效，利用現有網路資源塑造屬於猴硐的故事，讓來深度旅行的人，更加深刻的了解地方發展歷史。近年來許多部落客透過網站資料上傳猴硐的相片、資料及迷人的故事，強烈驅使讀者來到了猴硐，如同礦區對面的貓村，也因有著故事性與張力，吸引遊客前來探訪。

圖 8-3：情人走在通往復興坑的天然隧道中。

　　在日本電影扶桑花女孩中，礦區人民面對日漸凋零的礦業，自主自發的規劃社區的未來，決定興建夏威夷度假村來振興經濟，招募當地礦工女兒們擔任度假村中表演的草裙舞女郎，最後終於成功地在寒冷北國創造出夏威夷奇蹟，確保原有聚落未因後來給予的經濟活動所破壞，這是這個事件所保存的重點。猴硐人顯然並未察覺礦業即將衰敗，現在猴硐特有的空間本質造就變成大臺北祕密桃花源的潛力，比起臺北城的現代與迅速，九份的擁擠與吵雜，猴硐或許可以故事宣傳塑造浪漫的貓村，彎曲成拱的瑞山大橋就似牛郎織女相會的情人橋，巨石象徵堅定穩固的誓言，溪流代表纏綿浪漫的愛情，空間中充滿浪漫、流動與堅定的對話，再加上原本的礦業回憶。在「金生金逝，煤

完煤了」的地方享受著「金生金世，沒完沒了」的愛情。
在當地鄰里及居住過的人來說，猴硐的每個景物都代表過
去辛勤的回憶，也是凝聚感情的空間，不同的人來到這裡
有著不同的感受，這些在在都代表著猴硐的新定位。

圖 8-4：猴硐貓村的可愛標語。

　　一般社區規劃方向都想把地方經濟化及商業化來保持
社區的存在，猴硐本來並不希望像一般商圈的「被」商業
化，而是嘗試讓商業化融入猴硐社區，但在人潮進入後其
實難以控制。商業的發展並非是不好，主要是必須由地方
民眾自主的維護與永續經營，商店來到了猴硐就配合地方
做成礦坑的意像，如任何建設是以當地社區作為最大的自
主主導者，每個社區都將有潛力成為最具特色的社區，這
裡是一個有著特殊意義的聚落，並不能只當「礦業遺跡」

第八章　以工業產業遺跡的社區營造策略——今生今逝煤完煤了猴硐區域發展

來發展。

圖 8-5：從貓村看選煤場。

圖 8-6：整修後的運煤橋。

圖 8-7：整修後的貓天橋。

圖 8-7：整修後的貓天橋內部。

圖 8-8：猴硐神社的遺址。

圖 8-9：2003 年所攝的貓村與天橋。

（圖片感謝姜正邦先生提供）

第九章 以地方廟宇為主體的社造策略——以紫南宮為例

文化(culture)是在人的相處與活動中所發展出來的，漸漸影響到人的行為及價值觀，也會影響對地方和空間的態度與想法，故特定的地區或建築物會受文化影響界定其意義。所以文化為社會中、社區或族群中歷經時間變遷所累積的價值、思想體系及活動，形成一種獨特的價值觀融入生活之中，並會產生一種制約的模式或習俗。

圖 9-1：紫南宮的外觀與一般廟宇相同，卻是充滿了地方文化濃郁的感動。

文化伴隨著族群、時間變遷與地域特色，會各自形成

其地方性具獨特性的文化與共同價值觀(shared values)。由於當地文化的同質性以及區域文化的異質性所形成的地區獨特性，並且具備與時俱進的良好傳統及經驗傳承。故社區營造及環境美化都應對地方既有文化深刻的瞭解並予以尊重，在整體都市化以後，宗親鄰里的觀念被打破，靠廟宇及祭祖活動的感情聯繫更加重要，許多人每年與親戚的見面除了婚喪喜慶以外，就是宗教慶典了，倘若有一天這些都走入歷史了，宗親間的聯繫將可能比現在更為疏離。

過去農業社會時代，廟宇宗祠對地方文化的形成有相當的影響，民間戲曲的演出，其動機及場合皆顯現出濃厚的宗教氣息，廟宇與社區族群之凝聚有著密不可分的關係。從前廟宇神誕或建醮慶典演出，除了有娛神心意之外還代表感情的交流，但如今廟會等活動已逐漸變質，漸漸變成表面形式，失去了原有的娛樂及社會交誼等生活化的功能，這樣「形式化」的結果，便是表演藝術的「廉價化」，加上部分單位主導的文化祭，常以夜市文化來呈現，從傳統的布袋戲團或歌仔戲團，演變到電影版，現在甚至出現許多非本地性質的表演，街舞比賽、少林拳道協會武術表演及中東肚皮舞等與地方無關的表演，也讓活動變了調。

許多案例在此理論下文化被商品化，漸漸變成了夜市文化，民眾只走馬看花的參加而未參與，而且所謂的民眾

多只是觀光客，也使很多社會問題失去利用社區凝聚而解決的機會，它可能會只造就一個為了觀光客而重建的社區，而不是一個為了市民而重建的社區，然而缺乏地方特質的營造，即使短期吸引觀光客的到來，失去價值性以後永續經營變成遙不可及的事。

　　南投竹山的紫南宮便是地方重要的廟宇，也是許多民眾凝聚的地方，其建立的淵源充滿著『嘉慶君遊臺灣』的故事，且還有雙龍護廟的傳奇，更建立起地方上崇高的地位。另一特色為金雞給予信眾財富的傳說，在農業社會雞代表著財源的延續，雞生蛋·蛋又生雞延續不斷，也代表著讓求得金雞的香客有土地公、土地婆保佑讓財源滾滾的意思，在民間的習俗上，得到金雞的人，可以獲得土地公的保佑，使其富貴發財；金雞在臺語的諧音上，有金錢愈加愈多的意思，所以我們看到許多人都來求金雞回去奉祀，期待能讓來日可以得到更多的財富。

　　紫南宮在清乾隆 10 年創建，祀奉福德正神，據說早年社寮里民家中添壯丁都會請村庄內全部的里民吃雞酒，稱為吃丁酒，而里民在土地公的庇護下每每向土地公借錢投資都會賺錢，等來年再還錢，日久成習，求財信眾賺錢後再增添香油錢，這就是這個習慣的由來，我們看到從前的人心透過廟宇巧妙的聯繫在一起。

圖9-2：供香客自行貼金箔的金雞，漸漸地牠會變成真正的金雞。

　　除此之外加上貼金雞等儀式，使地方信仰更為生動更增加香客之記憶，所以地方的營造其實除了需要實質規劃的能力外，更需要有豐富的故事性，才能營造地方獨特的文化特色。

　　與一般的社區營造不同，以地方廟宇為自主主體的營造更具凝聚力及主導性，求金還金與求金雞回家的程序，也等於是宣告下次再來的時程，更是對神明的感激與感動，事實上，可以做的更細心，更加人性化。當社造推行未考量地域性的同時，文化常被廉價化，文化跟商品跟食品等質化，淪為夜市文化商品之一環，當多數社區處在永續經營即是要發展產業或增加收入，以藉此延續社區生命力時，似乎是依據福利經濟學(welfare economics)的概

念，要以經濟發展來達到社會每個人都是快樂的原則，但是常會因此失去地方文化的獨特性。一旦忘卻社區人的重要性，很容易扼殺掉有心經營社區者的熱情。

圖 9-3、圖 9-4、圖 9-5、圖 9-6：貼金箔帶給你的好財運，不管貼哪裡，都為你帶來好運。

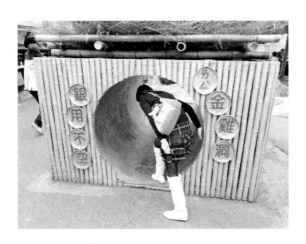

圖9-4：鑽進金雞洞銀用不完的意思。

　　紫南宮其實擁有著廣大土地公信眾，除主要廟宇外，營造環境的融合也相當的重要，重點在於感覺，其實不需這麼真實的將土地公像做出來。《臺灣省通志》中即說明了土地公金之意：「農家力田為生，其心理以為平日辛勤之所得，乃寄託於土地菩薩，於二月初二日，以紙錢（俗稱土地公金）繫竹枝，插立田間，奉獻土地神；中秋日亦如之，蓋古春祈秋報之遺意也。」，而此用竹枝或蘆葦枝夾土地公金插在田地上，也稱為「安土地公拐杖」，民間以為土地公年老行動上較為不便，故在巡視田間時，需要作一「手杖」以便利土地公巡視田岸，其心意甚為體貼，而土地公金，則是作為答謝土地公之「禮數」，祈求土地公在巡視田地之餘，能賜予農作物順利豐收。

在共識的基礎下，故其環境營造相當具有轉化爲象徵意義的潛力，例如環境周圍可種植製作拐杖的樹木，代表土地公守護這片土地的象徵等。土地公本爲守護土地的神明，人類不當的開發卻是破壞土地的原兇，更因藉由地方象徵的力量，利用祈福之儀式給予大家正確的觀念，地方除了求金更應愛自己的土地與傳統文化，如能延伸期更大的意義成爲對年長者的尊重與關心，社區整體營造將更兼具內涵與實質的效益。

圖 9-5：紫南宮旁的地瓜攤販，若能塑造為受土地公庇祐而出產的「地瓜」則更具地方特色。

第十章 維護自然環境的社區案例——淡水海口沙崙地區之展望

沙崙地區之歷史淵源

沙崙海水浴場一帶曾為清朝清法戰爭的古戰場，1884年法軍在裝置優良砲彈設備艦艇掩護下在沙崙一帶企圖搶灘登陸，清軍當時利用三面沙丘環抱的地形擊敗法軍，這即是著名的「滬尾血戰」，這是清朝在臺灣打的唯一勝仗，有著深厚的歷史意義。

血戰後的平靜與安逸 vs.海水浴場的開闢

血戰後，沙崙地區的居民通常以捕魚種田為生，是一個傳統的漁村社區，居民日出而作日落而息平凡而踏實。民國 65 年，政府的力量首次改變了沙崙社區原本的空間生活型態，在這裡開設了『沙崙海水浴場』，由於海水浴場帶來大量的觀光人潮，也就改變了社區居民原本的生活型態，家家戶戶開始到海水浴場擺攤做生意，也都放棄了原本平凡的生活，有的時候甚至連半夜攤子也都不能推回家，為的就是佔一個好位子，可見當時海水浴場的榮景。

實質利益造成空間環境的轉變

　　沙崙海水浴場沙灘平廣，三面沙丘環抱，海水清澈，沙灘與深水區有相當的距離，在其間游泳及戲水安全無虞，當時每到夏季，海水浴場人潮洶湧，這樣生意盎然的轉變所得到的實質利益，在當時也被居民所接受，鎮公所也因管理而屢獲全省「公共造產」首獎，一般臺北人對沙崙從前的盛況都會有印象，現在已經成為過去的記憶了。

現代化的理想空間想像卻引來更大的環境浩劫

　　然而政治的力量再度影響社區的轉變，垃圾掩埋場、污水處理廠以及新市鎮的開發，這個耗資 1 仟 400 多億的造鎮計畫，原有在民國 104 年吸引 30 萬人口入住的繁榮想像，故在「沒有珍貴的海洋資源」的前提下創造出海埔新生地，以做為焚化爐及垃圾集散地之用，結果現代化的開發使得海水逐漸被嚴重的汙染，水質含銅量級生菌數變高，海岸新生地的填築更造成珊瑚礁海岸被毀、綠蠵龜被困，最後連最原始的漁業資源也破壞殆盡。導致沙崙海水浴場漸漸經營不善，原本平和的海域也開始出現暗流與激流，被列為危險水域後於民國 87 年關閉，淡海新市鎮也未如預期的成功，再也找不回的是原本美麗的貝殼沙海岸線及漁業經濟與社區。寄望大規模開發的經濟效益未見，換來的是原有海灘的生態破壞（ecology destroying）。

自然生態才是社區最大的資產——拒絕重蹈覆轍——覺醒與展望

　　然而就在淡水新市鎮開發不如預期的情形下，1996 年政府檢討後歸咎於交通建設的問題，故規劃在淡水河北側沿河興建快速道路，從沙崙到大度路全長約 12 公里，這次地方文史團體、環保團體及居民共同發起「全民搶救淡水河聯盟」，全力阻止環境的再次破壞，1997 年起各團體堅持反對了 3 年，2000 年全案因環境影響評估沒有通過，反對運動成功。但是政府的力量並沒有停止對此區塊的建設，2006 年類似的案件又悄悄重起爐灶，民眾再次凝聚起來反對淡北道路之興建，拒絕再次因建設再度破壞原有的生活環境，後又傳出「淡水新市鎮輕軌捷運」的規劃，雖然這些建設都說是為了淡水發展，然而這是誰的淡水？該如何發展該由誰決定？社區的未來應由當地而決定，非具有政治目地的特定人士或團體所規劃。

文化創意區的沙崙空間想像

　　淡海新市鎮在沙崙這一帶規劃的多為富麗堂皇的別墅，其實距離沙灘不到 100 公尺，然而現在整個沙灘常是滿布垃圾與廢棄瓶罐及違法的遊客，筆直的馬路也變成飆車族與煙火族的發洩場地，民間團體發起淨灘活動，企圖恢復沙灘的美貌，每年的 5 月到 9 月救生委員會也會派員

勸導遊客及防範違法下水的民眾有任何的危險，這種情況在經過各團體的反應與抗議多年後，政府決定將沙崙規劃成「淡水文化創意產業園區」，預計創造 10 億的投資額，增加約 150 人之就業機會，這是繼淡海新市鎮後的另一個發展大夢，然而這個夢是誰的夢？最後犧牲的會是誰？值得省思，以經濟發展為前提推動下的地方建設，多為由上而下的機制，透過主導者對地方的想像創造，建構屬於想像世界中的在地文化與認同感。這種情況常致使建設本身只是在包裝上添加「增加收入」及「高度文明」的符號與迷思，也許可達到吸引部分觀光遊客的目的，但如此的實踐存在著許多問題。

在地人的爭取與困難

經與在地人淡水商工家長會長高文雄先生訪談後表示，沙崙自然生態環境的改變影響到原有地方鄰里宗親聯繫的情感的消失，原有沙崙地區的廟宇的活動參加人數漸漸減少，高先生要求兒女務必參加這類活動，才不會忘本。但是出外找工作的人越來越多，地方人都留不住，這才是社區真正的隱憂，淡水有水景、山景及古蹟名勝，但在肆意開發與氾濫炒作，土地漸漸被商品化。如果一切發展皆以經濟掛帥，過度向財團利益傾斜，地方真的需求並無法被顯現出來。雖提出許多發展願景政策，但部分政策欠缺各部門的整合，皆成為遙不可及的夢想。他們做的是

在教導學生及下一代維護淡水的生態及資產及淨灘的同時，卻看到淡水捷運站後方進行大規模填河造陸工程，將原有沙洲濕地及行水區填土覆蓋，使捷運公園後方至淡水區公所間之金色水岸水域空間消失，就為了增加出 3 公頃空地，要建設地方，實質上應該是以地方民眾為主，而非以觀光客為主，未以地方為主的工程及建設往往就是最大的破壞，政府也易漸漸失去地方民眾的支持，期望的是以凝聚地方精神的環境建設，重新凝聚漸漸失去的社區精神。

參與＝告知？

對於沙崙整體環境的破壞，政府必須給予民間團體及沙崙居民一個回應，成立文化園區的規劃儼然成為最佳的工具，整頓打造淡水文化創意產業園區成為政府的新政策，但是整理考量仍為商業考量，並推出租金優惠方式，來吸引民間資金投入，然而商業行為的蓬勃就能幫助沙崙海水浴場重生？所有文化園區建設經費的主要來源來自政府，地方性的自主參與機制？所謂的參與多充其量僅是在說明會上簽名背書，即使不論提出任何意見都必須聽命於專業規劃者的安排，其實這種方式充其量僅能叫做參加而非參與。這到底是誰想像的文化？還是為遊客考量的商業文化？資本家的投資文化？只要是閒置的地區都可以用「文創」來解決？主體顯已混亂。經過這麼多次的轉變，

沙崙地區的自主團體已能充分了解社造的真實意義，並期待參與整個沙崙地區的規劃能夠融入地方，創造出屬於當地願景的未來。

圖10-1：沙崙海水浴場著名的結構物。

圖10-2：美麗的沙灘未來將何去何從？

圖 10-3：關閉後的海水浴場。

臺灣的社區營造策略分析

圖 10-4：各民間組織之海灘淨灘活動。

圖 10-5、圖 10-6：在沙崙拍攝婚紗的情侶們。

第十章　維護自然環境的社區案例──淡水海口沙崙地區之展望

第十一章　將藝術氣息引入社區的社區營造策略——汐止夢想社區

　　汐止夢想社區每一年都會舉辦夢想嘉年華藝術踩街活動，這是一個集合了成千上萬國內外群眾共同展演藝術的舞台，就如國外嘉年華一樣熱鬧的景象，在臺北街頭每年定期上演。這個社區跟一般社區營造案例較爲不同，主要的差異因爲他是一個完全新的社區，是由夢想社區的建商一步一腳印的開始打造夢想社區。他的主要理念是在社區內植入藝術的種子，以藝術創作爲主要號召與社區潛力，替夢想社區找到一個不同於其他社區的方向。有別於一般建商大都只投資以營利爲主要目的，銷售一空以後做的就只有售後服務，建商與居民的關係不但是不連結的更是現實的，夢想社區的建商就像在挑戰不可能的任務一般，畢竟當時在臺灣「藝術」(Art)在大多數人眼中，還是一個僅供欣賞且抽象的名詞，很少有人認爲可以這種方向來凝聚社區的人。但最後他們靠著毅力成功做到了，夢想社區(Dream Community)成功爲提供一個能夠用力吶喊夢想的舞台。

　　夢想社區位於汐止市湖前街上，鄰近金龍湖，主要是

由 1996 年所興建的「青梅竹馬」建案、1997 年的「東湖畔」建案、1998 年「花好月圓」建案等三期及第四期的「夢想藝術村」住宅大樓所組成。常見的遊行、劇團及才藝表演,是由「夢想社區文教基金會」所舉辦,與各建案的社區管委會並沒有太多直接的關係。夢想社區文教基金會目前主要是靠社區中自主經營的餐廳收入(咖啡樹餐廳、楓香茶館及木頭馬丁手工坊)及開辦才藝班等為主要的經費收入來源,自給自足居民不需再另行繳款辦理活動。夢想社區營造的氛圍其實充滿了童話的色彩,綠蔭草地內許多動物都與社區成為朋友,加上藝術家戴著笑容進進出出,社區充滿著人與環境所營造的溫馨,彷彿讓人感覺到兒時鄉村人與人到處可見的親切感。夢想社區文教基金會目前主要是靠社區中自主經營的餐廳收入(咖啡樹餐廳、楓香茶館及木頭馬丁手工坊)及開辦才藝班等為主要的經費收入來源,自給自足居民不需再另行繳款辦理活動。夢想社區營造的氛圍其實充滿了童話的色彩,綠蔭草地內許多動物都與社區成為朋友,加上藝術家戴著笑容進進出出,社區充滿著人與環境所營造的溫馨,彷彿讓人感覺到兒時鄉村人與人到處可見的親切感。

面對閒置空間活化再利用(repurposing of unused space)的潮流,現今許多閒置空間爭相改為藝文空間的策略,我們必須作出反思,倘若藝文空間表示的是讓藝術家創作的空間,但藝術家並非動物園裡的動物,其創作的過

程並不需要人們的圍觀。倘若藝文空間僅限於提供藝文展覽使用，其餘空間與社區及閒置空間的歷史與意涵毫無關聯，此空間反而失去原有的意義，所以閒置空間必須活化，但仍必須與社區結合並保留原有建築所代表的文化意義。

圖 11-1：夢想社區結合多位國外藝術家，製作各式各樣色彩豔麗木偶。

圖 11-2：龍潭佳安社區客家大偶參加夢想嘉年華踩街。

　　社區除了每年的嘉年華會之外常舉辦豐富又多元的活動，提供社區居民及參與民眾盡情揮灑創意的機會，讓居住在此的住戶對社區有著歸屬感、責任感及光榮感，這是在繁華臺北城裡難以搜尋的向心力。當初這些社區的居民都是來自於不同地方的異鄉客，但藉由社區營造的力量，具體的向夢想的目標實踐，每年的「夢想嘉年華藝術踩街」活動，除成為國內社區營造的重要標竿，甚至連國際電視頻道也曾造訪報導過，在這裡每一個人都是夢想家，夢想一但被賦予了靈魂就活了起來，這裡的人不會盲目的追求利益，因為他們體會到工作是為了過更有品質的生活，而不是為了工作犧牲了生活。

　　在臺灣很多的社造的實踐，多以實質空間改善為主要

模式，並未眞實的改善人與人疏離感的原因，營造的空間
與社會脈絡之間非但並未連結，而常是斷裂的，自然許多
社區自此剩下規律的「美」而失去了靈魂。臺灣在經濟起
飛後人口大量迅速的北移，原有鄰里宗親結構遭到打散，
人與人之間關係漸漸冷淡，工業化的結果人漸漸失去人情
味，凡事以現實做爲考量，在臺北城裡不用開口也能渡
日，人與人之間的溝通漸被冷漠的指標所代替。

圖 11-3：夢想社區燈籠製作。

　　近年來許多教導人迅速得到利益目標的課程不斷興
起，教導著人要自我，要痲痹自己不要陷入感情程式內，
這樣的教學令人十分憂心，爲了得到個人利益的目標，教
導人不需要有太多的群體觀念及感情。如此一來人心就是

自私的與自我的，加上臺灣民眾長期被刻板式教育方式所
影響，上課者撥接的話就是真理，因為兒時課本上所寫的
就是能讓你得高分得到父母的獎勵與愛戴，在此觀念下許
多這樣的課程被奉為極品與聖經，再加上許多理性書本上
教導的厚黑理論，使人肯定自己自私有理不必在意太多感
情與感動，這是一個很可怕的結果。

　　舉例來說：從前的工作老闆與員工之間關係是親密且
有感情的，近年來漸漸的員工被機器化，當老員工已無法
達到公司預計的生產能力時，就像變賣運轉多年的機器一
樣，將他裁員卻不會有一絲的難過反而會對下一臺更先進
的機器感到滿意，相形之下員工一樣僅將老闆當成發薪的
機器，沒有所謂的共體時艱，也不願為公司多做一點點工
作範圍外的事。

　　如何改善人與人漸趨冷漠的關係，恢復我們對世界的
真實感受，才是社區營造所必須優先處理的問題與重點。
這是一個新故鄉的建構，這不是空間美化或者環境改善就
可以輕鬆做到的。許多文化節活動舉辦都會陷入「文化的
觀光效益」(The Impact of Culture on Tourism)迷思，
活動變成屬於參加者的節慶活動，主體顯已混亂，造成在
地者參加的比例明顯較少的現象。夢想社區將營造的重點
放在凝聚社區的人心上，是一個很正面而且成功的案例。

　　社區總體營造應該是能使社區居民的生活、社區的產
業及文化等都能融合，這個案例對於社區改變也許也曾找

過專業規劃設計團隊來給予意見，重點在於進入社區中的所有設計案都應以社區生活為重心做有效的建議與規劃。規劃設計者應先移除自身專業所衍生的優越感，也就是說必須尊重當地者的生活型態及場所精神，我們期待規劃設計者應對社區民眾聚集處再行設計為廣場，民眾休憩聊天的地方再行設置涼亭等休憩設施，而不是一昧的以地點、土地大小法規等分析後就提出所謂的「專業」建議，企圖說明社區居民接受其「專業」下之規劃成果，如未以尊重地方的方式來作規劃設計，就會可能產生社區的設施設備閒置的可能。如造成如此現象，非但無法處理社區環境的問題，更可能因此造成社區治安上的問題，所以如何落實以尊重社區為主的規劃設計是十分重要的事。這個社區營造的案例的特殊點是在於一個新的社區的形成，並非傳統改善原有社區的理念，整體實行起來算是成功的案例。

第十二章　社區自主節慶，歡慶地方凝聚的脈動——大甲媽祖繞境

一、大甲媽繞境緣由及地域性

　　據傳大甲媽祖爲福建省莆田市湄洲島人林永興，自湄洲媽祖廟奉請天上聖母神像來臺，在當時許多遷臺人士都常請神陪同而來，林永興在大甲定居謀生，當時許多福建移民皆篤信湄洲媽祖，漸漸香火鼎盛，地方士紳徵得林氏同意後，約於清雍正 10 年（西元 1732 年）興建小祠供民眾參拜（據傳即爲現址），舊稱爲天后宮，後稱爲鎮瀾宮一般認爲應指鎮海安瀾即鎮住海浪，以供海上往來人船平安之意。臺灣光復後，鎮瀾宮改制成立管理委員會，由大甲、大安、外埔及后里，四鄉鎮村里長民選舉委員主持廟務，顯見當時廟宇與地方連結十分的緊密。而大甲媽祖進香遶境活動，其實起於當初創建之時的往湄洲祖廟進香活動，當時由大安港或溫寮港直接駛往湄洲，信眾同時也回到自己的故鄉，當時並非每年舉辦，清朝時期大約每 12 年才會舉辦一次。而大安港於雍正九年關爲貿易港，後來大安港泥沙淤積，至日治末期，已形同廢港，加上日本政府嚴禁臺海兩岸之來往，前往湄洲祖廟進香活動因此停頓，

大陸爲故鄉的情節則因此漸漸切割。此後繞境活動則演變爲每年農曆三月地方繞境，因大甲媽繞境最後延續到嘉義新港奉天宮及北港的朝天宮，但「大甲媽」並不是由北港朝天宮或嘉義新港奉天宮所分靈，到北港及新港遶境進香也並非是回娘家。而是當時藉常往返於大甲與北港間的牛販的經濟活動。

　　此後的每年農曆三月，來自各地的數十萬信徒組成聲勢浩大的進香隊伍，在八天七夜中徒步來回鎮瀾宮與新港奉天宮。遶境隊伍跨越中部沿海四縣市，經過廿一個鄉鎮，八十餘座廟宇，跋涉三百三十公里路。但臺中大甲鎮瀾宮每年的媽祖繞境活動，其實是遠離家鄉的人每年重逢聯繫情感的活動，依據謝秀琴女士口述，每到此時嫁出去的女兒都會相約回到此地參加，繞境代表著不同的意涵。即使沒有辦法全程參知之信眾，也會再繞境途中準備茶水等給予其他辛苦的信眾食用，這是完全由地方自主的活動。繞境七大階段爲啓駕、坐殿、祝壽、割火、插香、回鑾繞境及添火，許多堅定跟隨媽祖鑾轎一路從大甲出發的隨香客，其實他們都是放下手邊的工作，忘記身體的病痛、甚至有的已經是步履蹣跚，都堅持一定要到新港爲媽祖祝壽，這份虔誠的心，不禁讓人感動，這樣的活動除了參加更是參與，也藉由信仰將人心緊密的連結在一起。

二、文化祭活動舉辦與地域性

　　面對全球化脈落下的地方競爭情勢，深刻的地域潛力挖掘是相當關鍵的。因為，任何地域想要推動文化的再造及打造社區美景，是否能掌握到地方潛力是最為關鍵的。近年來臺灣社造的實踐地方活動的舉辦成為相當重要的一環，在社造實踐技術上由於對地域性是否可深入的連結，不致活動因與地域性脫節，這是重要的一環。過度依賴公家單位主導活動之下，易造成各地活動公開上網簽辦委託勞務，導致參加及承辦的單位（公關公司）可能是同一批人，常有辦理的活動重複或參加者不踴躍等情形，或活動流於「熱鬧有餘、內涵不足」等。一般公關公司規劃整個活動設計僅考量著吸引人潮，增加經濟，卻無法考慮活動與地域性做關聯，最後夜市文化充斥著整個活動，迷失於經濟效益與產值，僅以此做為評估活動效益的指標，甚致為落實國際兩字，更加入其他國家馬戲特技團或太鼓團隊等，及邀請國內外演藝團隊參與演出。在將傳統「藝術」化的同時常也致使活動漸漸變調，也讓臺灣有許多能夠深化社區與文化內涵的活動根本無法存活。

　　如何節慶活動扎根在自己所在的社區，融入當地民眾生活當中，融入社區環境景觀、地方產業當中，理應為推動中最重要的事，如活動推行並非社區居民自主性辦理，由政府將活動外包給公關公司執行，節慶活動自然是和地方是脫節的，民眾參與被侷限在參加活動而非參與活動規

劃，參加活動的人多也並不代表活動成功。文化祭活動以制式方式舉辦模式未深植地方，未考量地域性，僅考量經濟效益，然而臺灣的文化節慶活動不僅只是一種可以提振經濟產值、觀光效益及轉化選票的政治計算而已，它更應涉及了文化內涵與社區深耕的長久意涵。各政府協助辦理節慶的本質不應就在於創造地方經濟價值，在並未考量地方文化的永續性，對原本的自主性活動並非幫助而是破壞。文化節設計的手法與地方產生深度的連結，才能真的聯繫人心，開創新經驗、新價值及新認同的社會生活。

三、誰是主體？誰的節慶？地方永續特色自主節慶之經營

在推動一鄉一特色的政策之下，臺灣各地不斷浮現「創造」出來的在地特色、地方產業，以區域經濟學觀念(Regional economics)繼而發展文化觀光事業、促進活化區域經濟。文化節活動儼然成為最佳的工具，然而若活動經費的主要來源來自公家單位，倘若公家單位無法再支助經費辦理文化節，缺乏地方的自主辦理能力，活動將會走入歷史。再者，地方性的參與何在？所謂的參與多充其量僅是在表演舞台上搔首弄姿，聽命於主辦單位的規劃安排，其實僅能叫做參加而非參與。主辦單位想安排什麼表演團體，就邀約什麼表演團體，就連與地方不相關的其他各國表演團體都摻雜在一起。文化節還是地方的節慶活

動？還是參加者的節慶活動？資本家的節慶活動？還是公家單位的節慶活動？在地者參加的比例有多少？願意第二次參加的比例有多少？目前許多活動設計與實踐實有檢討之空間。

　　除商品或其他方式所「創造」出來的節慶外，最珍貴的是臺灣先民所凝聚的文化活動，傳統宗教文化在初期其實是如同原住民的豐年祭般，許多出外遊子或嫁出去的女兒都會回來參加，許多居住在繞境附近區域的民眾，紛紛將自己準備的熟食、飲料、生活用品及其他提供給參與繞境的香客使用或食用，感謝辛苦的繞境香客及服務人員，也為大甲媽進香活動盡一份心力，這是充分表現社區精神的活動，比起任何營造更能將人心凝聚在一起，且並不侷限於社區的人而是許多各地前來的香客，深植於地方自主營造的活動特色將永遠不會被取代，也將可永續的經營，除歡慶大甲媽祖聖誕以外，我們更看到地方凝聚的脈動及臺灣人最真最原始的真誠。

圖 12-1：民眾自發性的奉茶。

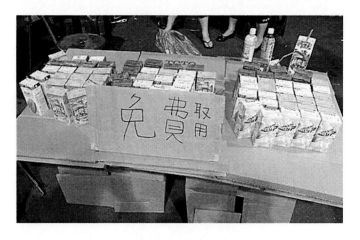

圖 12-2：民眾自發性的準備飲料。

第十二章 社區自主節慶，歡慶地方凝聚的脈動──大甲媽祖繞境

圖 12-3：沿途民眾燃放鞭炮歡迎大甲媽神轎。

圖 12-4：大甲媽神轎回鑾祭典，主祭者為地方的企業者，企業與地
方宗教的關係融洽且密切。

第十三章　改善空間環境的社區總體營造策略——以虎林公園及周邊環境改造為例

　　位於信義區的虎林公園面積為 9547 平方公尺。公園於民國 1987 年開闢，是個滿簡單的公園，但公園(Park)其實常是社區營造的重點資源。1995 年 7 月 1 日由里辦公室開始接收，2003 年社區環境改造執行計劃進行整修完成。虎林公園位於臺北市邊陲的象山山麓下，公園環境條件原本並不佳，原本大部分面積是灌溉用的蝴蝶埤。公園南側鄰臺北市立聯合醫院區松德院區，除與高壓電塔變電區相鄰更與寧波公墓為鄰，在臺灣普遍農業社會為主的社會結構中，民眾仍有許多禁忌與習慣，松德院區內多為精神病患屬於需強制處理的群體，加上墳墓與電塔的環繞，讓這裡的空間型態相當的特殊及詭譎。因為道路本身條件的因素，許多民眾不得不選擇穿越公園去搭公車。1995 年開始起虎林公園開始為地方鄰里公園，松友里辦公室偕同社區居民及臺北市立聯合醫院區松德院區成功改造虎林公園的環境及形象，拉近了社區民眾與公園的距離。

　　虎林公園位於信義區內，起初為臺北市較不起眼的地

段，空間崛起後原本位於邊陲地帶的松德路區塊也因擁有象山自然景觀跟著價值升高，隨著時代的轉變，看精神科不再是個令人羞恥的事，家屬也可大方進入精神病房探望病患，精神病院已漸不再是令人恐懼的空間，近年來每到跨年倒數時虎林公園變成許多民眾觀看 101 煙火秀的絕佳地點，每到假日虎林公園也湧進許多登山客前往象山登山步道登山，當民眾漸漸融入環境中，原本的懼怕及恐懼可望消除，空間也出現活絡的感覺，里辦公室開始著手規劃，期望藉著公園等周邊環境的改善可以營造更好的社區環境，居民透過共同參與的同時，可以凝聚休戚與共的社區意識，最重要的是可以重新建立人與人及人與環境間和諧的關係，在鄰里公園社區設計中，社區的公園具有社區自我培力的功能，鄰里公園的改造也常是社區自主動員的舞台，許多社區皆以公園作爲凝聚人心的最初始點，這個案例即可供在都市中的社區參考執行的策略。

　　松友里及區公所的用心經營下，虎林公園成爲功能相當齊全之市民休閒遊憩場所，爲了使公園得以永續經營，除續鼓勵更多里民認養園內植物自行照顧及種植，加上里長、園長及志工們主動進行綠美化和清潔工作，園內植栽豐富多元，鄰近之高壓電塔圍籬也在種植爬藤植物美化下，與公園融爲一體不再是令人恐懼的龐大怪獸，虎林公園成爲社區居民重要賞花休憩的活動場所，位於社區的居民及醫院共同努力與配合，終於成就虎林公園成爲績優的

鄰里公園，由鄰里自主認養公園後更加凝聚里民的社區意識，社區民眾也更加的維護及珍惜綠資源及大家共同耕耘的成果。臺北市立聯合醫院松德院區將曾經將大門前南方松廣場規劃為院區與社區活動的社區生活展演平臺，雖短期間並未明顯達到效果，但已體認到唯有深切瞭解院區空間及周邊環境修補良好的鄰里關係，才能營造新的空間特色。所以空間是因人的使用而規劃的，另外也極力營造院區特色空間，讓民眾更瞭解精神病患，不再與世隔絕，精神病院之恐懼形象已大有改善，此部分在後續章節亦會一併討論。在社區的努力下，便直接主動地向相關單位提出了他們目前在生活環境中所面臨的種種問題，以及他們急切地想要改善公園及周邊環境的意願。在虎林公園內推動社區總體營造過程所辛苦撒播的種籽，自然長出的令人驚喜的嫩芽並持續的茁壯，在這個萬物萌芽的季節，經過虎林公園的同時請放鬆、慢行、心眼並用，傾聽自然的鳥語花香，看看蔚藍的天空及如影隨行的 101 大樓，看看環境的顏色、聞到綠色的味道，將自然環境與社區的精神一一印在心版上！

圖 13-1：虎林公園綠色意盎然。

圖 13-2：公園內部不乏大樹。

圖 13-3：虎林公園的入口意象。

圖 13-4：雖鄰近高壓電塔從象山往下看整個公園都是茂密的大樹。

第十四章 由私人別墅演變成臺中市長官邸的歷史建物——與商圈結合成的社區文化

一、概述

　　現今所稱的臺中市長公館，其實是在西元 1929 年（昭和 4 年）所興建，是一棟古典與現代風格融和的建築物，為當時日籍著名眼科醫師宮原武熊的別墅住宅，故通稱為宮原氏別墅。宮原醫師為留德的眼科博士，曾擔任臺灣總督府醫院醫長以及臺中州私立臺中商業專修學校校長與臺中州協議員，並與臺籍精英共組東亞共榮協會，十分活躍於政界，原宮原武熊氏眼科醫院後現仍保留在中山路、綠川東街口。

　　弔軌的是第二次世界大戰後，日人戰敗返回祖國，這棟別墅居然被視為日產遭臺中市政府接收，做為市長官邸使用，私人產業遭政府機關沒收，在當時為十分普遍的現象。國民政府時代政治人物陳果夫及首任民選市長楊基先至第十任市長張子源都曾居住於此，但之後歷任市長未再使用，漸漸成為閒置空間。直到閒置空間不斷被地方民代

訴病，在推動閒置空間再利用計畫中，將這歷史建築轉型成為今日的地方文化館。

市長官邸位於一中商圈，該商圈以青少年為主要消費族群，因此擁有最流行的時尚資訊，是一個充分展現青春活力的商圈，而主要為水利大樓完成後大量的補習班出現，造就商圈的形成。而周圍景點除了市長官邸外，有設立至今已逾七十年的臺中放送局，除了商業行為外，更提供了解歷史價值的建築物的最佳途徑，也讓地區的商業行為漸漸有了意義。市長官邸建築外觀保存完整，建築室內平面及室外立面融合和洋（西洋）風格，為日治時期樓房宅院代表作。

臺中放送局建於 1935 年，主體建築屬於「過渡式樣」，點綴性裝飾元素包括「簡約羅馬風格」與「簡化哥德風格」兩類，那美麗的建築及庭園景觀，位於全臺絕無僅有的「電臺街」上，整條電臺街只有一個門牌號碼「電臺街 1 號」，至今已走過 70 餘年歷史，是臺中市民的老朋友。

宮原式別墅建築其實只有簡明的造型，水平與垂直造型比例也掌握得宜，室內自然光線充足，機能簡單清楚的住宅。二樓頂部的重複性裝飾構件頗有特色，加上陽台的希臘柱式與瓶形欄杆扶手與建築現代風格外觀形式的組合，使得整體呈現標準折衷的建築風格。

主樓高二層，立面造型簡練大方，上為鋼筋混凝土造

平頂，頗具現代主義特色。但二樓側面有古典飾樣之柱列廊道，且後側作日式窗台開口。故有人稱本屋實爲和洋混合風格之作以建築角度來說應爲日治時期的折衷式建築。

二、時代背景分析

　　日人治臺以後，馬上有計劃的展開殖民地建設，關於日人治臺之功過，今天雖有不同角度之看法，然而對於加速臺灣近代化確有功績，1868 年德川慶還政於明治天皇，日本隨即走向改革並吸收西方文化，始稱明治維新。維新之後的日本建築面臨很大的改變，1870 年開始聘請一些西方建築師設計日本國公共建設的部分，明治後期因採取「擷取各國之精華」方式，導致明治後期在日本「樣式建築」漫無標準，街頭上聳立各國風格的文藝復興、巴洛克或哥德式建築，臺灣在日治初期亦出現這種現象，一般認爲 1895～1907 應屬日式建築試驗期，1907～1917 則多爲紅磚造之全盛時期，1917～1926 則屬深色面磚之時期，1926 以後則以淺色鋼筋混凝土建物爲主，宮原氏別墅即屬此時期之建築。

　　事實上日本建設臺灣建築充滿研究精神，日治初期之「明治型」建物，即爲中國式街屋，但多以木造，但卻不牢靠難逃蟻患，隨即改爲「大正型」也就是紅磚期，最後演變出「昭和型」之 RC 結構，宮原式別墅即屬日治末期之鋼筋混凝土構造物。

三、建築物分析

　　宮原式別墅屬於一般說的折衷建築，指的是樣式建築，邁入初期現代建築的過渡時期。1920 以後西方盛行的現代化建築特色影響臺灣的近代建築，但對華麗的樣式建築仍不能忘情，所以古典的對稱形式、簡化的裝飾元素，與水平的現代感，與現代建築白色外壁越來越接近。

圖 14-1：建築物外觀已與現代建築十分接近，但仍無法忘卻華麗的元素。

　　這棟別墅較明顯的裝飾為複合式的柱子，柱頭形式較類似埃及柱式的棕櫚葉造型，柱身則較接近複合柱的凹槽型式，屋頂強調水平流線感，除此之外僅在女牆及欄杆作少許較華麗的裝飾，以及拱型入口玄關，為典型的折衷式建築，與鄰近的臺中市放送局類似（1930 年代日治昭和初

建，許多人誤以為這兩建物為古蹟，事實上 2002 年左右才被認定為歷史建物而非市定或國定之古蹟。

　　一般人常見日式西方樣式建築及稱為巴洛克，巴洛克原為法文（Barobue），有扭曲、曲線之意。是從 17 世紀開始在歐洲流行的非常注重繁瑣裝飾的建築式樣，主要是用曲面及曲線達到一種扭曲張力的效果，而宮原氏別墅應屬於折衷主義（Eclecticism）樣式，流行於 1920 年至 1930 年代的近代建築，它具有當時盛行的表現主義或國際樣式之部分特色，但是保留柱式多用希臘五式柱頭，而強調線腳之裝飾，由此可以得知當時的日本是與國際潮流接軌的，隨時接收新的知識與流行，但是並非完全的抄襲，這時的臺灣在建築上深受這個潮流的影響。

圖 14-2：宮原別墅的裝飾柱及南美風味的獅頭裝飾。

圖 14-3：內部的窗是利用水平垂的原理使窗戶可上下推動。

四、結語

　　回顧日治時期的建築，由於都是在現代運動中誕生，五十年來的作品幾乎網羅了文藝復興建築以來每個階段多種重要形式，這一段活生生的過程之影響力是真切而深刻的經驗，這是迷信於樣式建築的結果。雖然它是一個強大形式移植下去的建物，而非從鄉土長出來的建築，但卻是屬於那個時代的，臺灣擁有日本接受西化過程的精采演變史，這是十分珍貴的，有人說日治時代的建物過度重視形式，我們卻可以見到從極端華麗的西方建築漸漸簡化，到

宮原式別墅時期，山頭、尖塔或圓頂都消失了，已與現代建築十分接近了。一般社區營造的街道爲主的參與式社區規劃(Participatory Community Planning)，往往被複雜的商業利益影響，也常因商業行爲的失控，而造成整體地方文化的消失，而這個建築的開放與融入商圈，就是讓原有的商業爲主的社區出現了地方的意義，也讓來此的旅者或學生更加了解建築物與地方的歷史，所以創造社區營造的意義的策略處處都在，將原有的商圈加入歷史的元素，將整個商圈微整形，漸漸將其文化意義層面發揚光大，或許有一日也能創造出不同的社區共識與特色。

圖 14-4：人潮絡繹不絕的一中商圈。

圖 14-5：人潮絡繹不絕的一中商圈。

第十四章 由私人別墅演變成臺中市長官邸的歷史建物——與商圈結合成的社區文化

第十五章　尋找遺忘的記憶——萬華 406 廣場

　　萬華 406 廣場位在中華路旁，本鮮少有人知道這是日治時期日本人在臺北建立的西本願寺舊址，其遭遇就不如北投溫泉博物館的安逸，而是遭受大大的破壞，但也因仍有利用價值弔詭地保存部分建築遺跡。1901 年西本願寺獲得日本政府核准，在臺灣設立「臺灣別院」，以弘揚佛法。另在西門町萬年大樓附近則為當時東本願寺舊址。據說戰後警備總部曾經使用西本願寺，利用來關押及刑訊許多人，最後被違建盤據，稱為「中華新村」整個新村只有中華路 147 號這個們牌，土地所有權屬於國有財產局，341 戶共用一個門牌實唯一特殊的現象。古蹟被違建包圍後，人們漸漸遺忘西本願寺的原貌，幾經年代更替後，成為公園式廣場。

　　這個日治建築最嚴重的浩劫在 1975 年發生的火災，木造大殿及其旁的御廟所全數被燒毀，在當時甚至被認為是蔣介石逝世的神蹟。但在火災後仍有民眾陸續遷入，利用西本願寺殘存的建築，自行隔間及裝修，也就是所謂的違章建築。直到 2005 年政府進行拆遷違建時，被違建包圍的

西本願寺殘跡才重見天日，市政府在拆除搭在它身上的違建時，施工機具毀壞了輪番所的部分建築，此事曾在媒體上喧鬧一時，也勾起了許多人被遺忘的歷史空間記憶，其中包括許多日本人，經過社區居民及相關人士強烈要求保留下，這些殘跡也才能順利留下來，相關土地也因西本願寺的遺跡出現而失去商人可能開發的強大利益，商業用地變成了公園用地，而這個因古蹟而生的公園並非一般的鄰里公園，但如果仔細規劃，也許古蹟帶來的功能將大於鄰里公園的社會功能。

古蹟雖然因民眾的回憶而留下來，但卻未得到完善的照顧，只存鐘樓及輪番所尚稱完整，其餘樹心會館已成廢墟剩下地下室，而西本願寺本堂、御廟所則只剩建物基底。但保留多年後民眾說：「這個公園很失敗，製造一個晚上連當地人都不敢走進來的地方」。一語道出民眾對這個地方仍有深刻的期待與願景，為妥善保護及利用反而使社區原應引以為傲的古蹟，變成一個鄰避設施。批評聲浪下緊急召來大黃蜂等藝術品放置，感覺似乎與地方並不相容與適當。

臺灣擁有原住民建築、葡萄牙建築、西班牙建築、日治時代建築及國民政府迫遷來臺後興建的北方建築模式，相關建築物卻無法在第一時間得到完整的保存。文化資產保存(preservation of cultural assets)在物質層面的技術和建築美學的觀念上，臺灣對文化資產的詮釋與解說，

還有很大的成長空間，古蹟(Historical Site)的所有權在於政府，受到法令的保護，事實上古蹟修復的方向與未來與社區的結合，都應該與社區為主，社區存在代表社區傳統的歷史建物，該如何以此特色凝聚社區力量，也是一個為來的重要課題，通常我們發現在搶救歷史建物的同時我們凝聚了力量，建物搶救了之後，該建物卻又變成政府的責任，這種凝聚是間斷的，是不連續的，位於社區的古蹟事實上應為社區共同的責任，這個案例可以看到社區民眾搶救歷史記憶的決心，現今雖已修復鐘樓，但遺跡與社區的關係仍需連結，重新振興老建築帶給我們的魅力與意義。

圖 15-1：目前殘存的鐘樓遺址，原有大鐘已不知去向。

圖15-2：1954年國民政府將西本願寺的本堂交給「中華理教總會」使用，黃色水泥牆即為當時所增建，圍牆後方為原本西本願寺本堂的所在地，1975年發生不明火災，上部的木造殿堂皆被燒毀，目前僅存臺基以及階梯和部分欄杆及扶手等設施。

圖 15-3：輪番
所：即類似住持之
宿舍，初建於大正
13 年（1924 年）。
輪番所為傳統日式
宿舍建築，部分內
牆留有編竹夾泥之
牆體構造。

圖 15-4：樹心會館於大正 12
年（1923）落成，原為真宗
本派本願寺之會館，目前還
可看到唐門的型構，但因曾
被違建包圍部分已遭粉刷油
漆。

圖 15-5　2014 年重新整修後狀況。

圖 15-6：批評聲浪四起時，以藝術品包圍古蹟的美化方式。

圖 15-7：2013 年 7 月 4 日廣場重新開幕。

臺灣的社區營造策略分析

圖 15-7：2014 年 8 月 2 日七
夕花火浴衣祭。

第十六章　尋找過去產業的社區營造策略——白米木屐村社區營造

緣起

位於宜蘭的白米木屐村因為地形的關係之前被稱之為白米甕，而白米並非此地曾經出產白米，而是山谷下溪流乾涸的時候會露出白石，好似白米粒而得名，該溪流則稱為白米溪，名字充滿著特殊的意涵。日治時期此地主要是礦石工業及水泥等產業，還有其附屬的江某樹所製成的木屐產業，對於社區居民來說，採礦業給予他們的即為污染及環境破壞。

產業(Industry)的出現與自救

事實上，木屐產業與礦石產業是曾經有著共存的關係，有採礦工業的進行，才會有大批日人的聚集，木屐是日人的產物，其實應該屬於採礦業下的副產業。從戰後日人離開後，木屐產業迅速消失而採礦工業卻未停止即可得知，社區居民長期忍受採礦業所帶來的自然景觀與生態破壞，最後砂石車所帶來的空氣污染及生命威脅終於引起居

139

臺灣的社區營造策略分析

民的反彈，在 1991 年開始民眾開始反彈，並於 1993 年社區居民開始組成自救的團體，最後發展成為白米社區發展協會，這是社區民眾再度凝聚的起點。

社區潛力的抉擇

在 1995 年的一次社區自主團體的討論中出現了發展傳統木屐產業的提議，當時以木屐作為社區營造的產業基礎其實並未完全受到當地民眾之認同，也有人認為應該改採一直都存在礦石產業來做為推廣策略，也有許多人認為現代人不會再往回走到木屐時代。幾次大型博覽會發現木屐的接受度極高，1996 年白米社區才開始真正投入以回憶中的木屐作為社區營造發展的方向，漸漸往理想中前進。

檢討與建議

在白米社區的社區營造是以發展協會、合作社、文史工作室及居民之間的巧妙結合，成功將傳統失傳的技藝在回到社區中，臺灣農業社會轉變後其實許多技能已經漸漸消失，前陣子看到媒體報導小朋友體驗老一輩蒸糕的故事，小朋友將這種體驗稱「蒸」貴的回憶，這樣的技能才是真正文化的特色。而在白米木屐村案例推廣成功後，公部門給予了許多補助，興建了較為豪華的文化館，漸漸朝向博物館經營的型態，但卻少了當初的純樸氣息，卻又多

了許多商業的氣息，讓人懷念起當初設立的感覺。期望來
白米體驗的人，可以了解地方歷史、環境與特色，在進入
文化館參與體驗或自主創造，也期望社區發展下可以增加
白米社區的組織健全，引領社區達到永續經營的目標。長
期來看，社區必須要看到的是文化的創意表現。木屐確實
在短時間可以喚起從前的記憶，當然遊客並不可能僅限於
回憶過去的族群，如何利用木屐的元素創新讓木屐的文化
意涵轉化成爲另一種商品，這是必須要的方向。但我所指
的並非僅將木屐圖像印製至現代化的商品上，這需要社區
居民與文創者的集思廣益才能完成的方向。

圖 16-1：白米的木屐不是普通的木屐，而是充滿希望的木屐。

圖 16-2：溪底的白石排出的圖案。

圖 16-3：供民眾 DIY 的迷你木屐。

16-4：木屐村產品展示。

圖 16-5：原本建築物再利用的工藝教室。

圖 16-6：小學生參觀 DIY 木屐製作。

第十六章 尋找過去產業的社區營造策略──白米木屐村社區營造

第十七章 以社區福利為起點的社區營造 手法——吉慶社區聖誕巷案例

　　都市的住宅區總給互不往來的印象，都市化大量方形單調的建築，每戶孤獨的存在於每個空間，人與人之間漸漸的疏離，這也是我們必須要做社區總體營造的原因。這個案例是在臺北市北投區石牌地區，隱藏於繁華的石牌路巷弄內，能見度不高，屬於十分老舊的混合型社區，與一般都市的社區型態沒有什麼兩樣，這個社區綠地資源缺乏，缺少公園等民眾聚集的地方，社區民眾的共識理應更加的薄弱，這就是都市化後，社區營造最難以處理的案例，沒有共同的區域，沒有共識的凝聚，沒有地方的特色，看來顯然是個十分棘手的案子。

　　然而這個社區，卻完全改變都市社區給人的冷漠印象，踏入吉慶里社區活動中心，就看到一群熱心志工，正在對社區的美化綠化等等事項努力，社區活動中心不再是空蕩蕩的蚊子館，也不只是辦理婚喪喜慶的租借場所，成功發揮了凝聚社區居民的功能，也讓這個社區營造出溫馨的社區氛圍。

　　吉慶社區發展協會並非僅作一般社區環境改造，透過

臺灣的社區營造策略分析

社區共同的活動凝聚居民，最重要的改變是以推動福利化社區為起點，透過問卷調查的方式了解社區裡哪些人需要幫助，除幫助獨居長者、身心障礙者及其他社區內需要幫助的弱勢，首先是透過送餐的解決他們用餐的問題，也讓人感受到社區溫暖的一面。吉慶社區的餐食是需要經費的，他們協調將里內的商店付出愛心提供服務，所以在這裡每天都有不同的菜色，比起所謂的代用餐的理念，更增加許多的人情味。孤獨的環境使人與外界隔閡，對於外界的關心也漸漸變成不友善，但是在社區志工的堅持與服務下，人也漸漸的軟化，漸漸融入社區，大家就像一家人一樣。這個案例的成功不在於實質的環境改善成果，而是在於改變了原本冷漠的人，雖然付出者十分的辛苦，但臉上卻始終掛著滿足的笑容。吉慶的保健志工隊成立以來都能維持穩定的隊員 20 人以上，志工每次的關懷訪視也都會做成紀錄，以便志工們持續的追蹤。此外，社區也常安排各種健康講座，「吉慶里的阿嬤是笑瞇瞇大家相邀來里辦公室來那唱歌又吟詩……」這是吉慶里的阿嬤歌，歌詞給予人充滿溫馨的感動，「溫馨吉慶‧祥和社區」正是這個大家庭共同追求的願景。

在此前提下而產生的社區環境的改造，使老舊的住宅區煥然一新，這種社區自主的社區環境改造將永遠是吉慶社區共同的驕傲。吉慶社區每年的「聖誕巷」今年來非常的吸引大家的注目，多年來的努力使得參與聖誕巷美化的

居民愈來愈踴躍，居民們自動自發地布置自己的家園，更把熱鬧的氣氛散布至鄰近的社區，也造就福興聖誕公園的參與。然而我們要看到的不只是聖誕巷造成的美麗景象，而是社區凝聚的強大向心力，在強大共識與凝聚力下所執行的社區營造，才是真正成功的案例，這個案例政府單位不再是主角，而是個配角，而其從社會福利(social welfare)改善來凝聚社區的策略，確實改變了都市普遍充斥的冷漠社區，是在都市社區內難得的成功案例。

圖 17-1：巷口的歡迎參觀燈飾。

圖 17-2：家家戶戶自行裝飾屬於自己的聖誕節。

圖 17-3：連普通的樓梯間也出現了美麗的標誌。

圖 17-4：這樣的美化也傳遞到鄰近的社區一同響應。

圖 17-5：連冰冷的鐵窗也出現美麗的圖案。

圖 17-6：鄰近社區裝飾的福興聖誕公園。

第十八章　利用社區副產品為主體的社區營造策略——宜蘭珍珠社區

　　位於宜蘭的珍珠社區古稱「珍珠里簡」，係平埔族噶瑪蘭三十六社之一。珍珠之名的由來有二種說法，一是珍珠社區早期於冬山河有港口經常有船隻來往，商船並帶回許多珍珠回珍珠社區，所以這個社區附近均能輕易撿到珍珠，另一說法是珍珠里簡在噶瑪蘭的譯音係「燒酒螺」，也就是在這個社區到處可見許多燒酒螺的存在，不管實際的地名由來為何，珍珠與燒酒螺，在現在的珍珠社區已經不易見到了。

　　珍珠社區位於冬山河中游，全村社區內係以種植水稻為主，種植蔬菜為輔，當初社區的發展運用的主要材料是該社區的副產品－稻草，2000 年以後增加風箏體驗等，故社區設置「稻草工藝館」及「風箏體驗館」，提供遊客們參觀及 DIY 製作體驗，社區充分運用副產品「稻草」發展出多項稻草工藝例如：稻草畫、稻草面具、稻草浮雕面具、稻草紀念物、稻草娃娃及稻草編織等創新產品等等，這樣的社區營造方式，社區營造的產業並非為一般的主產業而是副產業，被公認為沒有什麼價值的稻草，堆疊後最後就

是焚燒成爲肥料，就像許多養蚵人家的社區最後利用廢棄蚵殼來作爲社區特色一樣。

珍珠社區投入社區營造的發展史，其實正是一個築夢踏實的浪漫故事。社區營造如果忽略人際問題的重要性，最後畢竟會因爲「人」的因素而停滯不前。珍珠社區所以訂「重建新儒家倫理」爲社區營造目標，顯見發起者的智慧，也對社區總體營造的意義十分的了解。在這個前提之下，社區有了發展目標，社區也有了未來的願景。然而除了要有願景還要了解地方民眾的心理中在意的中心，珍珠社區的發展史，看出了社區兩大廟宇的信眾衝突與不合，這才是社區凝聚人心的眞正阻力。發起者想盡辦法化解位於珍珠社區內進興宮與聖福廟兩間寺廟信徒的長期隔閡，促成兩間寺廟一起合辦普渡，結果十分的圓滿。最後做了一個很有意義的事，曾經立於社區發展協會廣場旁的珍珠地標——「草垺王公」，就是達成和解後聚集八百村民堆疊而成，草垺兩面分別繪有兩間廟宇的主神，象徵神明和解村民大團結，就像打倒柏林圍牆的那一刻相同。

珍珠從一根稻草發展成全國知名的社區，當然住在珍珠社區的居民必定感到光榮，必定更願意在此居住與生根，我們在這個社區營造案例中看到了社區自主的力量，社區的發展不是靠政府，而是靠自己，社區必須營造社區獨有的特色，而並非爲迎合外來遊客而改變自己經營的模式，這個案例中我們看到了社區的地方性十分強烈，雖然

稻草面具緣起於社區發展者一次前往印尼峇里島之旅而發現地方吸引人的特殊面具，但現在其融入了地方的特色，這個面具就不再是屬於印尼峇里島的面具，而是專屬於珍珠社區的面具，所以我們不是認為外來文化不應該在臺灣出現，而是必須堅守本土文化的價值，才能確保特色的存在，就像是峇里島常看到的釣魚小貓來到臺灣，難道就不能變成屬於臺灣的釣魚小貓？社區總體營造的可貴在於參與者體驗當初努力過程的辛苦，在於享受社區凝聚後的喜悅，只要是有心，人人都可為社區盡一份心力。

圖 18-1：珍珠社區產業體驗館。

第十八章　利用社區副產品為主體的社區營造策略——宜蘭珍珠社區

圖 18-2、18-3：稻草副產品從前的功能展示。

圖 18-4、18-5：稻草副產品的展示。

臺灣的社區營造策略分析

圖 18-6、18-7：利用稻草所製的畫框，旅客可以 DIY。

第十八章　利用社區副產品為主體的社區營造策略——宜蘭珍珠社區

圖 18-8：DIY 產品完成可裝框帶回家。

圖 18-9：代表兩廟和解的草埒王公。

第十九章　以外來文化與本土文化融合的社區營造策略

廟會＝落伍的迷思

在以前很多人把廟會、陣頭、八家將等與太保、流氓及不良少年聯想在一起，甚至許多人更認為搞陣頭不是個正常人所從事的娛樂或行業，更應該是中輟生、無業者才會去參加的聚會。然而這樣的刻板印象，大多來自生活在都市地區的人，面對都市繁華生活的洗禮下，人容易視都市生活為驕傲，視都市的活動為文明，卻將鄉村常出現的傳統文化看作迷信及落伍的象徵。就因這樣的社會政經變遷反而使人失去了對原本傳統文化的熱愛。

本土文化藝術化

許多人看完「陣頭」這部電影之後，都會感覺到十分感動與熟悉，因為那曾是臺灣普遍擁有的文化特色。然而，在許多地方宗教文化的特殊儀式，也是某種型態的社區特色。臺灣在社會環境改變以後，人們普遍接受到西方的新知識與文化，卻使原本傳統的宗教文化受到嚴重的排

擠，在北部城市中許多廟會的活動，甚至出現每年參加人數一年不如一年的情況，原本在鄰里之間即可輕鬆招集的參與人手，最後演變成花錢請團來完成宗教的儀式與活動，可見得宗教活動已漸漸失去凝聚的力量。然而，屬於臺灣的傳統文化其實是重要的，在陣頭這部片中描述的臺中「九天文化民俗技藝團」，在 2000 年時決定將舊式的陣頭儀式，轉型為舞台的表演方式，一直到現在九天技藝團已經企業化經營，團長許振榮驕傲地說，我們要永續經營，還要做出口碑，改變多數人對陣頭的不良印象。他並說「誰說陣頭不能登上國家劇院，我們要做領頭羊」。這個案例讓我們發現以本土文化文基礎，融入部分其他文化特色，也可創造出不失原意的新文化特色。在臺灣表現的最顯著是傳統布袋戲文化，在融入外來文化及現代化的科技與音樂，卻仍能保留原有的文化傳統特色，並再加以發揚光大。也就是說，我們期望即使是學了西班牙的鬥牛舞，也是必須是屬於臺灣特色的西班牙鬥牛舞，不應只是以模仿抄襲的方式照本宣科的表演，站穩本土特色的原則，才能避免本土文化變成回憶、傳聞或歷史。

外來文化融入本土產生的新文化

　　某次在電視節目中發現正在介紹桃園的愛西絲肚皮舞舞蹈團，這個舞蹈團的團長郭淑貞其實是 2006 年埃及世界肚皮舞的冠軍。郭淑貞在國際表演肚皮舞的名號無人可

及，但是倘若只限於此，他跳的就會僅是屬於埃及的肚皮舞，也就只是個把其他國家特色舞蹈模仿的很好的舞者，就像是美國人把山地舞跳的十分出色而已。但是他選擇回來臺灣創新臺灣陣頭文化，最後以臺灣陣頭爲主巧妙地結合肚皮舞，編製一齣齣屬於臺灣的陣頭肚皮舞蹈。

她說「我覺得 21 世紀的藝術應該是多元的」，「參與陣頭表演，可以見識不同團體的創意，而且看到觀眾對於肚皮舞進入陣頭那種興奮之情，我就覺得非常滿足。」由於臺灣陣頭的舞步比較自由，從前跳陣頭者多數爲乩身，所以動作不需太過嚴謹。而埃及肚皮舞的舞者跳舞的節拍就顯得十分重要，兩者的結合也有種不同的感受，但是重點不在於這種舞蹈本身的曼妙，也不在於舞者高超的技巧，而是他以一種臺灣傳統的新文化再次凝聚了社區，也創造出更深的意義。

傳統的廟會活動在從前原本就是社區人心凝聚的所在，也是凝聚人心的最佳策略與方法，社區的居民即便是無瑕也要撥空參與或參加。善用如此重要的元素將社區的人凝聚起來，讓社區生活中有重心，使社區每年都有屬於自己的文化活動，這樣的社區營造則更具有意義。然而以文化活動方式來凝聚社區的參與，才是眞正的「參與」式社區設計。在過去，決定社區的事物通常爲政府，參與者多僅爲地方民代等，然而公家機關受到科層制（bureaucracy）的影響，做事無彈性，倘若長官決定地方必

161

臺灣的社區營造策略分析

須設置公共路燈或垃圾桶，則不管社區實際需求為何，就是必須編列預算執行，這樣的規劃對環境來說非但不是幫助，而更有可能是破壞，對社區來講未參與的決策通常不會在意與關心，真正的參與式設計必須由地方居民主導，共創社區美好的願景。當我們在反省這件事，常想到鄰近的韓國總是說很多的東西都是他們所發明，許多國家都不以為然。其實換句話來說，應該說他們是善於重新詮釋的國家。例如韓劇繼承者們所出現的捕夢網，是北美奧吉布瓦人的文化中一種手工藝品，但經過韓劇的重新詮釋，人們只會記得韓劇中賦予新的意義的捕夢網，這自然就成為韓國的商品之一。這就是一種新的文化呈現與創新，臺灣在面對這樣的文化挑戰必須更加細膩的思考才是。

圖 19-1：改變的陣頭也可展現出不同的文化風格。

圖 19-2：八家將與肚皮舞的結合舞出臺灣新特色。

臺灣的社區營造策略分析

第二十章　體驗蛻變之愛河與十三號碼頭空間改變

　　猶記十多年前，在新竹關東橋受新兵訓練之後由於抽到金馬獎，隨著一群落寞的同梯阿兵哥坐著火車來到了高雄，到了火車站大家規律且有秩序的上了公車所扮演的「專車」來到了愛河畔，那時的愛河被當地居民被稱為溪仔，河面呈黑色且充滿浮油，似乎訴說著它飽嚐污染的委屈，面臨河旁的住宅也多將窗戶封閉，感覺並不歡迎我們這群失落外地人的感受，這便是一般人對愛河的初次體驗。隨後這群籤運不佳的人與在壽山動物園的動物一樣，被關進壽山的前送營區，永難忘記那漢神百貨夜晚息燈的一幕，心中百感交集。次日前送的阿兵哥來到了象徵生離死別的十三號碼頭，碼頭以九重葛構起高大圍牆，分隔著自由與無奈，就這樣望著漸漸消失的西子灣，離開了臺灣前往前線服役，在軍旅生涯中十三號碼頭代表著許多的悲傷與喜樂。

　　六年前，聽聞著許多人訴說著高雄的蛻變，從他們口中敘述的高雄愛河與一般人過去映像中的愛河相距頗大，驅使人充滿疑惑的來到舊時熟悉的愛河。然而它的改變讓

臺灣的社區營造策略分析

人十分驚嘆！曾經過往行人掩鼻而逃避之唯恐不及的愛河，如今卻到處充滿著與人的互動，當時的黑水溝已不再散發臭味，河邊坐滿著悠閒著人們，他們泡茶、聊天及欣賞美景，他們幸福的體驗著愛之船碼頭、綠籬植栽、藝術光雕照明設施、自行車道及橋樑美化等給予的環境意境。除此之外還有親水空間及藝文景點，巧妙的融合了污水廠設施及文化藝術。愛河真的復活了，這條以愛為名的河川再度成為情人約會的最佳浪漫地點，跨越愛河的彩色橋樑化身為情人橋，來到這裡空間中充滿著浪漫與流動帶給人的感動，加上一些藝文設計，為當下的景致增添些許人文氣息。

　　離開多年後再度來到十三號碼頭，原本熟悉的柴油味已經不在，象徵隔離外界的圍牆也已經消失，載運阿兵哥的 524.525 大型船艦不再停靠在這裡。兩岸關係改變後，這裡也少了武力對峙的煙硝味，原本的營區的大樹依然綠蔭，營區倉庫及餐廳已成為民眾休閒的廣場，原本的鐵道現在是休閒的腳踏車道，大量釋放的失落空間再經過美化修飾後，轉化成市民的新休閒遊憩的場所。十三號碼頭位於愛河的出河口，原本是個嚴肅及封閉的空間，民眾鮮少可見到這裡的美景，在空間解嚴(terminating the building's longstanding reputation as a structural symbol of martial law)後民眾可以清楚看見愛河在此出海，欣賞港都的美景。在當地鄰里及居住過的人來說，每個景

物都代表過去的回憶，是凝聚感情的空間，也是聯繫鄰里感情的催化劑。但是對於去過外島當兵的人來到這裡則有著不同於地方的感受，這些在在都代表著十三號碼頭在港都的定位已經巧妙的轉變。

對於高雄，讓人擁有熟悉的故鄉親切感，在這裡原本人的凝聚力就大於臺北，親切是繁華的臺北城所缺少的，這幾年的改變也讓人看到高雄人維持港都的獨特性的決心，高雄人不斷地在努力尋找地方新的方向與定位，也使民眾對高雄的蛻變充滿感動。這個案例有別於一般的案例，擁有社區居民對於碼頭的回憶，更擁有當兵者的心碎碼頭記憶。普遍在臺灣的政府機關處理事情的方式，總是在受到民眾及輿論重視時，提出個美麗願景的幾年計畫，各單位為了消耗預算盡速的完成，實質內容卻常不受重視，過了幾年再開個記者會，展現這幾年實踐的成果，過度急躁的結果反而不見的可達到預期的效果，而且計畫結束，社區營造也就瓦解。會提出這個案例作說明，住要是看到高雄市政府在 2009 年舉辦的世運，這個運動會的作法及態度上採取的是以"社區總體營造"的模式，以民眾為中心，打造一個表演平台，讓所有市民一起來參與，讓全市民眾對這個活動有參與感、有認同感、有感動，自然會市民一心共同努力，把活動辦好。政府設計出很多的機制讓自主團體及市民都共同參與世運的籌辦，例如利用清潔隊垃圾時機，來向民眾宣導政府籌辦世運的進度及需要民眾

配合幫忙的的事項，讓民眾感受到政府對自己的尊重及信賴。人心凝聚了再來做籌備的設計規劃及資源分配，當然看的到效果與肯定。這是一個艱難的事，不管最後成果如何，畢竟願意去做，所以社區營造的理念不是只在社區的輪廓，整個市都可做，這是臺灣的新突破，相信有了開頭以後臺灣的活動在此基礎下會辦得更好。我們看到高雄社區營造的策略，也許臺北市主辦的花博當初應該也可以試著以社區總體營造的理念去辦理，如果可以以鄰里或社區為單位，自主動員到花博會場種植屬於社區的花卉及布置，就會讓整個活動注入許多感動的意義，整體活動也可完美的呈現臺灣人心凝聚的力量。

圖 20-1：13 號碼頭的軍營。

圖 20-2：高雄市政府辦理「『光榮再會』敬老兵、老艦、老港」活動海報。

第二十一章　以社區營造活化商圈的策略

　　一般所謂的「結市」，是臺灣老一輩口中經常出現的用語，也就是所謂的「結市效應」，所以地方之所以會出現市集，是由人潮的聚集所結集出來的，其與地方生活方式及文化等等有關聯性，並非單以所謂「造街團隊」以商業手法或藝術手法即可輕易的達到商圈營造的效果。在臺灣新興的地下街或新建的市場大樓多常被用來「處理」原本即有存在路面上的攤販市集，並且期望最後可將攤販遷進規劃整齊的地下街或市場大樓，最後將其規則化。然而不論是原有市集遷入或者是新進駐的商圈，都並非僅以「招商」即可達到商圈(Shopping District)的商業行為的復甦及市集人心凝聚的效果。

　　近年來臺灣部分區域為處理「結市」所帶來的違建、髒亂或交通堵塞等等問題，都會希望將流動攤販或消防堪虞的固定攤販變成整齊的商店地下街或市場大樓，但最後常會造成人潮流失及地下街或市場大樓死寂之現象，最為明顯的例子就是臺北市的建成圓環。之所以會連人妖秀、歌唱秀及餐廳都做過了，還是無法帶動人潮，其實問題也許就是社區總體營造與形象商圈的政策無法結合，社區總

171

臺灣的社區營造策略分析

體營造希望社區是「全民的」、「總體的」及「永續的」，一群人一起做運動、掃地、唱歌或者吃早餐其實也是一種社區總體營造，，主要為讓人「參與」而形成共識，所以市集其實就是屬於地方社區的領域，而形象商圈則主要目的為觀光休閒，然而要造就一個形象商圈的永續經營，還是必須要建立在社區總體營造的基礎上，一般來說未仔細考量地域性存在的特質，經常是造成市集的消失。

許多商圈的營造經常是以商業經濟學的角度作規劃，商業經濟的主要商圈係指一家商店大約七成的顧客所來自的地理區域。在這區域分析內，完全是以顧客作為主要考量因素，考量消費型態等，此類商圈營造常會過度迎合外來消費者之狀況。對於商店周圍的調查，也常只是了解於一地區內同性質的競爭家數、將來的變動趨勢、供應商位置、運輸是否方便（交通狀況）、可否利用物流中心一次補齊所需物品及停車場是否寬廣等等與顧客及成本有關的實質因素。在此種考量下往往會忽略了原有市集人的凝聚情況、習性、文化及交流狀況。事實上原本每個住家或每個攤販在整個市集中的位置都有著不同的空間意義，倘若沒有細心的處理，商圈經過遷移後的復原自然十分困難，倘若要打破原有存在的空間關係，重新再凝聚一個新的商圈關係，常會改變原有市集的文化特性。倘若原有市集既有相當獨特的空間意義及特色，新的商圈就可能會失去了這種空間意義與特色，然而這種關係的營造確實不易，但是

卻是十分的重要的。

　以社區營造的理念活化商圈是個重要的工作，凝聚原
有市集或者社區居民組成商圈發展願景的推動委員會，並
由熱心負責的在地社區民眾來主導推動商圈的發展，向市
集內的店家及住戶宣導商圈成立的目標及共同參與計畫的
方法等，藉此凝聚新商圈的基礎力量，所謂的打響知名
度。所以凝聚必須先在社區內做，由社區民眾自主的凝聚
共識，並非當個聆聽者聽從「專業者」的規劃，社區民眾
就會淪為認同者或背書者的角色。以社區自主來彙集力量
後給予新商圈新的空間定義及願景，當然這個願景絕非只
限於「錢景」。舉例來說，高雄的新堀江商圈的崛起，其當
初的理念就是結合低開店成本的設計，提供年輕人輕鬆自
行創業的環境，讓年輕人投注自己的創造力開出自己夢想
中的店，凝聚年輕人的力量創造出新時尚的象徵。所以走
進新堀江商圈，讓人永遠有活力，充滿年輕人蓬勃朝氣與
獨特流行，這就是新堀江商圈當初商家凝聚的新時代象徵
及另一種凝聚的力量，近年再加上城市光廊、中央公園及
高雄捷運 R9 中央公園站串起整個人潮，使商圈更添藝術氣
息。不同的商圈有不同的潛力，例如網路爆紅的「宮原眼
科」冰淇淋專賣店，以建物改善人對商圈的印象，在國外
常見文化歷史意義融入商圈也是活化商圈營造的策略之
一。舉例來說臺北市舊有的建成圓環其實原本十分有其代

表意義，更近二二八事件發生點[3]，倘若可以結合歷史意義、社區參與及建築設計，重新塑造的整個商圈自然可以活化，圓形的圓環以可代表過去的時光飛逝，天馬行空的來說倘若建物可以在二二八事件每年二二八紀念日轉動二百二十八圈，或每天會在發生事件的時間點轉一圈，同時在圓環裡的攤商或鄰近社區民眾能做出怎樣的呼應，整個環境會更加有趣且有意義也更能顯出商圈的凝聚力，而商品自然也必須朝此方向呼應地方的聯結，當然這必須更縝密的社區溝通、討論及開發創意，做起來並不容易。但商圈活化應以原有社區經濟系統為核心，以自主、在地及區域性特色為主要發展策略，才能真正建立符合在地特色的商圈，這樣的特色才能不被取代及永續經營。

圖 21-1：比薩斜塔外麥當勞融入地方景觀並無過多商號特色，充分表現尊重地方建築及歷史意義態度。

---

[3] 二二八事件起始點：臺北市南京西路與延平北路交接一帶。

圖 21-2：新崛江商圈以年輕人創業給予商圈新的流行時尚象徵意義。

圖 21-3：圓環經三度開幕，期望能看到其與地方意涵深切連結後而
重生。

圖 21-4：完全複製其他國家風格或部分意象，並不易造就在地性永
續商店街之經營。

圖 21-5：日本著名的商品特色，必須到達特色地區才能購得屬於當地
傳統造型的商品，商品與地方有著密切的聯結(connect) 。

第二十一章 以社區營造活化商圈的策略

第二十二章　融合在地性文化創造獨特的文化意義——屏東萬巒萬金社區

　　在屏東萬巒萬金社區裡有座西班牙傳統古堡建築式樣的萬金教堂，萬金教堂是全臺灣最具歷史的天主教堂，最早稱為「無染原罪聖母」大堂。1984 年，萬金教堂獲梵蒂岡教宗若望保祿二世敕封為「宗座聖殿」，大堂晉格為聖母殿，聖母殿在天主教裡有著崇高的地位。萬金教堂是於1863 年由西班牙道明會會士郭德剛神父所策劃興建，教堂內放置三座由菲律賓運來的聖像。兩年後，南部發生大地震，聖堂內牆壁倒塌大半，也曾再日治時期為日本政府所使用，後經多次修復才變成現在的面貌。經過一段時間的謀合，教堂就在時間的洗禮下與地方漸漸的開始融合。1874 年清朝大臣沈葆禎巡視臺灣南部開山工程，目睹萬金教堂的神父中國化，教友和樂團結且與地方民眾生活融合，奏請同治皇帝親賜「奉旨」照準聖石，一八七五年鑲在建築物上，認同傳教的行為，自此清朝官兵路過必下馬行禮，這也是當時一個十分特殊的現象。目前萬金教堂現已被認定為三級古蹟。

萬金社區裡面最重要的資產其實就是這個教堂，也就是說萬金社區的信仰中心就是這個教堂。其實就如我們看到其他社區內有宗教建築物，但是不同的是在這個社區明顯的看到外來的宗教融入當地文化的精神，萬金聖母聖殿的重頭戲在每年 12 月的主保大典，聖母聖像會跟一般道教的神明一樣，出巡遶境當地萬巒鄉萬金村及赤山村等地區，象徵保佑著這裡的子民。聖母像的出巡盛大遶境活動與媽祖繞境類似，有著十字花車、聖樂隊及聖禮花轎引導教友及參與民眾遊行並傳播福音，聖母瑪利亞像及聖體也隨遊行隊伍出巡，所謂聖體即為耶穌本人背負十字架的神像，聖體遊行時兩側教友都跪地迎接並朝拜唱聖歌，整個儀式十分的慎重。聖體遊行結束後，教友及參與民眾再度回到聖母聖殿進行聖體降福儀式，儀式結束後主保慶典的整個活動就告一段落。另外在每年聖誕節將屆期間在萬金教堂還有報佳音、望彌撒、點燈造景及煙火釋放等系列活動，參與活動展售的攤位與藝文表演也充滿了社區在地的特色。在聖誕節時萬金的街道都是燈海，此時品嘗來自吾拉魯滋部落的泰武咖啡香，體驗另一種充滿社區宗教氛圍的耶誕氣息。

萬金社區村內百分之八十的居民都是虔誠的天主教徒，因此當地歷史文化與在地文化都看的見東方西方文化融合的現象。有別於臺灣其他地區的狀況，這個社區融合平埔族、客家人及閩南人的社區，有著包容的態度，創造

出獨特的臺灣特色。由牆繪製的聖母出巡圖，可以看到聖母神轎、主教、神父，跟隨的民眾及穿著平埔族傳統服式或學校制服的打棍隊，這些都象徵著萬金社區多元族群的在地文化。這是萬金社區自力營造的成果，也充分展現社區營造的精神。

　　宗教的力量實際上是一種精神的療癒(healing)，而社區營造唯有地方自主才能達到最佳的效果。社區營造為公民社會發展的策略，不能被誤導到視社區為靜態被動的客體，被政府或專業團體所塑造。專業者如果無法做到「與地區居民共同規劃」(with people)提升到「由地區居民自己來規劃」(by people)，整個社區營造的成果就會偏向空洞，唯有凝聚社區共識才能充分展現出在地的特色與精神。而萬金教堂目前已經是每年南臺灣的聖母朝聖地，來訪者並可體驗萬金社區呈現出的社區營造的精神。

圖 22-1:萬金社區的入口有著雙十字及中國式斜屋頂及聖母像，特色十分的鮮明。

圖 22-2：聖母出巡時在萬金教堂前，充滿色的圖案及裝飾。

圖 22-3：聖體出巡時的情況。

圖 22-4：參與聖母出巡的信眾們。

圖 22-5：聖誕節的街景及聖母出巡的壁畫。

圖22-6：主日學學生表演打棍舞

圖22-6：教堂內莊嚴的聖母像。

圖 22-7：教堂內大部分為白色混和木材裝飾，簡單而素雅。

（圖片：感謝臺南市立南寧高級中學高慧如老師提供）

第二十三章　維繫傳統產業——無米樂社區

　　臺南的後壁區在清朝康熙年間仍是片荒蕪之地，臺灣光復後設置「後壁鄉」，近年隨著升格後改為後壁區，地理位置為八掌溪與急水溪沖積而形成的平原，土地肥沃且適合耕種，曾為嘉南平原的大穀倉，耕地面積為臺之冠，整體環境即屬於傳統的農業社區。

　　無米樂名稱的由來，取自於農夫耕作的心態，一季一季的度過，靜靜的期待稻穗收成的到來，心情輕鬆、不要煩惱太多，這就是所謂的無米樂精神。無米樂社區係指位於臺南後壁區西北側，由菁寮里、後廍里和墨林里共同組成，三個里主要是因為政府推動的農村再生政策所串聯，事實上是由於無米樂紀錄片的拍攝而受到重視，進入傳統農業為主的無米樂社區，即會發現有別於繁華城市的美。

　　無米樂社區的美在於它仍保留了許多臺灣農村的建築與生活型態，這裡沒有火車站、捷運及高速公路等等交通便利設施的破壞，所以極少受到現代化的影響，沒有都市中常見的高樓大廈，自然也沒有擁擠的人潮與車輛，這裡的居民保留了大部分的磚造、木造房屋與土砌建築，社區

內處處是對社區有著歷史意義的建築物，雖部分建築物隨著人口外移而閒置，但無米樂社區對社區內閒置空間有著自己的規劃。例如利用閒置古厝整建「稻稻來社區廚房」，由無米樂社區的志工為社區的老人準備及料理午餐，採用的是在地生產的有機作物，提供天然健康的飲食，整合當地志工及地方資源，由三個里的志工輪流料理午餐，食譜都依當季食材，並尋求專業的營養師建議菜單，每月每人僅收八百元。在國外曾經有個案例，就是在社區留下一片田地，每個家庭將原本要買菜的開銷改給予社區中退休的農人，由退休的老人協助耕種，分不同季節每日將所得蔬菜放置於各戶家門口，每天每戶都可吃到新鮮的蔬果，也讓整個社區活了起來。所以社區營造的重點不在於是否真正節省所付出的金錢，而是在於志工親切的態度及關心找到人在社區內的位置，除了老年人凝聚在一起用餐可增加情感交流之外，整個氛圍其實就像在吃自己媳婦煮菜一樣。執行之後漸漸的無米樂社區六十歲以上的長輩，都願意走出家門，到「稻稻來社區廚房」來用餐，這個廚房的功能不只是廚房也是屬於社區的大客廳。當然，對於行動不便的長輩，也會提供志工送餐到家的親切服務，這是無米樂社區對人口老年化的面對策略，讓我們看到其努力的成果與決心，也看到無米樂的「幸福農村」願景。

猶記當時在金門當兵的時刻，當時整個烈嶼鄉住民已鮮少有壯丁，而卻能維持高粱田及芋頭田等作物的耕作，

由要是利用離鄉背井的軍人來助耕與助割，這就是烈嶼鄉住民維持其農作的方法。無米樂社區的農耕收入受到整體大環境改變的影響，如同其他農村一般出現米比水便宜的情況，當然也一如臺灣其他的傳統農村，同樣面臨居住人口老化和青壯年人口外移的情形。然而，這裡的農民在大環境不允許下，將以何種策略延續稻作農業?是個重要的課題，其實有著類似金門烈嶼鄉的策略。利用外來的旅客，體驗傳統農耕生活，當一日農夫，社區並將早期農人坐在田埂吃飯的活動加以包裝成享受特有的割稻飯，並介紹社區的景點，推廣臺客袋及草編等傳統社區產物，這樣的包裝果然對都市遊客頗具吸引力。包裝過的農耕活動除可增加社區收入及能見度，並可局部減輕需要大量人力的農作負擔外，尚能透過推銷當地的農產品，尚不論是否能完全改變弱勢農村的狀況，卻也是可讓農業得以繼續的發展下去的方法之一，這是不同於其他社區營造的方法與策略。

　　一般來說農村社區(rural community)本就較一般都市型社區具有較強的社區意識(community consciousness)，無米樂社區居民在村長的帶領下共同參與社區事務，以推展無米樂動態農村博物館為目標。而這個博物館並不需要實體建築物，也不需要招募農民來作任何迎合商業行為表演，農民而是像平常一樣耕作，一樣日出而作日落而息，只是多了與遊客互動，無形中也增加了許多幫手，也結交許多來自各地的朋友，在這裡以地方為主的社區營造觀念

根深蒂固，遊客來到這裡只有體驗、參與及協助，最後帶
著當地特產和滿心的感動回家。這是一個農業社區成功的
社造案例，我們期待這裡能永遠保存著恬靜寫意的農村風
貌與農家隨和的親切感，這樣的社區才能真正稱為農村社
區再生轉型。

圖 23-1：參與者參觀社區木造屋。

圖 23-2：參與者參觀社區禮餅店。

圖 23-3：參與者參觀社區老鐘錶店。

圖 23-4：參與者享用社區餐點及社區染彩布置。

圖 23-5：參與者選購社區傳統產品。

圖 23-6：參與者實際體驗農耕生活。

圖 23-7：參與者體驗收的滿足及喜悅。

（圖片：感謝無米樂社區菁寮社區規劃師黃永全老師提供）

第二十四章　以建造社區寵物公園的社區營造策略——以壯觀社區為例

　　本書所談社區營造策略的目的並非讓大家將這些社區當成旅遊景點，而是期待再臺灣的社區都能尋找到一個永續經營的策略，最重要的是能將人情這個傳統可以再找回來。人情本來就在華人世界裡是十分重要的，面對都市化與現代化所造成的疏離必須要以社區總體營造來改善這種冷漠的關係。而永續這個議題十分的大，甚至包括整個地球環境的永續。本書談的並非永續發展(Sustainable Development)，而是指永續經營，永續經營的想法就是必須將經營社區類似家族企業般的態度來經營，指的並非企業經營手法，而是想讓家族企業延續永續傳承的態度。

　　這個壯觀社區的案例是個開山造鎮的大型集合式住宅，其實山的開發本來就是個環境破壞，究竟為周圍環境的壯觀或者為破壞後的狀觀，這裡所謂的「壯觀」其實十分的諷刺。在當時執政者有著許多新市鎮的幻想，期待當地人可以在一個什麼都有的地方就業、唸書、購物或育樂，繼而解決都市人口劇增的問題，這就是一種專業的傲

慢，期待「人」可以依照「規劃」來生活。這個社區 1995
年底陸續交屋其實住戶多爲在臺北工作之年輕雙薪家庭，
每天忙於生計早出晚歸，顯見政策並非可依照理想而實
踐。這種建構在山上的社區除建物外其餘路權都屬於建
商，就是私有的產權，所以這個社區的公共設施修復及美
化根本難以用公部門經費來修復，所以其社區組織必須十
分建全，否則十分容易因爲生活環境不佳造成荒廢的情
況。壯觀社區在 2001 年透過「社區總體營造」組成「大壯
觀願景工作坊」，成爲社區共同發聲的管道及凝聚攻勢的場
所。2004 年正式成立「大壯觀願景發展協會」，與其他社區
相同的壯觀社區陸續整理社區內人文地景等資料，撰寫成
書。社區總體營造的開始常從社區問題的找尋爲起源，然
而社區問題的解決也可能成爲社區總體營造的策略之一。
從 2006 年壯觀社區爲解決日益紛擾的寵物問題，組成寵物
俱樂部及爲寵物闢建寵物公園這件事來談起。

　　2006 年基隆壯觀社區的居民開始探討社區內寵物飼養
的問題，社區內因飼養寵物衍生的噪音、環境污染等問
題，在當時已經成爲社區急需立即改善的問題。大壯觀願
景發展協會開始安排一系列講座及寵物訓練課程，更在社
區內與地主商借到一處閒置空間用來闢建社區寵物公園，
爲打造這個社區內的寵物公園，社區居民在計劃施工前可
是尋訪過許多專家共同商議出公園設計藍圖，並考量環保
設計，公園內所有設施都木製材料製作，也建造寵物專屬

水池和沙坑，解決寵物飲水及排泄問題。雖然並未如其他公部門完成的寵物公園如此華麗，但整個工程是在發展協會義工與社區居民的通力合作下自主完成，當然後續的管理及維護也是由社區自主來管理，解決了當時困擾已久的社區問題。

之所以要談這個案例，主要是這是個自主規劃施工的案例，其主要的目的是處理社區的問題，雖然目前這個公園土地被地主收回，但當初公園設置造就後續社區的其他發展。但這個問題的處理也就是營造社區特色的策略。在現代都市冷漠的關係下，寵物其實是可以拉近人的距離，讓一群本來不相識的人彼此交流觀摩，這種距離的拉近包括家人相處的距離，當然包括社區居民的情感（當然指的不是較特殊性的寵物）。光從飼養寵物這件事來看，家庭中有飼養寵物可以訓練人的同理心，培養愛心及尊重生命，並可以讓尚未面臨到疾病或生死的人，可以理解生命的意義。而對社區來說，寵物公園的建立可以提供飼養寵物者的溝通平臺，無法飼養寵物者也可藉此接觸寵物。寵物的議題無形中建構社區溝通的平臺，這也說明社區的特色建議並非一定需要公部門的介入。政府在推動社區總體營造的時所說的社區營造概念建立在社區發展(community de-velopment)的理念上，所謂社區發展並非就是實質設施的建設，而是必須以解決問題、自力更生及全體參與為目標，讓社區得以正常發展。這個意思並非公部門不能參

與，而是政府代表的角色應是協助而非主導，這是臺灣的
公部門所必須改變的態度與觀念。

圖 24-1：社區一角。

第二十四章　以建造社區寵物公園的社區營造策略——以壯觀社區為例

圖 24-2：原設置之寵物公園。

圖 24-3： 靠山的自然環境。

圖 24-4：元宵節提燈活動。

第二十四章　以建造社區寵物公園的社區營造策略——以壯觀社區為例

第二十五章　以終身學習作為社區營造策略

　　本文擬探討以終身學習(lifelong learning)為主要形式之社區營造策略。社區學習這件事並非一定要在學校才能完成，有的社區終生學習強調於工作中學習，取代課堂上的傳統方式，於工作參與中尋找問題的解答，是隨時隨處的「終身學習」。它強調學校教育是學習起點，而非終點，學習場所與內容不應受到體制所限縮，應包括各類非正式與非正規的學習，學習者沒有年齡、性別、職業及階級的區別。而本文要談的是以高中以下的學校為基地實踐社區學習的策略。

　　主要探討這個議題是因為高中以下的教職員及學生居住在鄰近社區的情形較多，且許多地區高中以下學校除另委託其他財團或社團法人成立社區大學外，較少與社區有互動，故與其說是以終身學習為主要策略，主要也是將學校納入社區的組織中，加強學校在社區內除實質的教學以外的其他功能。現今已有許多社區大學的設立，但社區大學的課程並不見得與附近社區具有關聯性，甚至於部分已經成為類似補習班的性質，充斥著與本職學能提升相關的

臺灣的社區營造策略分析

課程。高中以下學校可規劃的社區學習內容可包含餐飲實作或家政工藝這是國高中學校都會具備的課程，另可再加上年輕人較為清楚的網路行銷等課程。學校可擺脫過去只能進去運動的刻版功能，可與社區辦理的各項活動與學校結合，然而本文所說的學習並非僅為學校教導社區居民，所講的是一種相互學習的機制與互動。學校給予社區校內所有的專業知識與技能，社區則提供社區文史課程及傳統技能，講的就是學校教學群教師與社區內專家學者或耆老擔任研習講師。當然其他人員就是由學生志工及社區志工來協助。學校融入社區後，學校的部分課程不在單調，或者可以移至社區教室。而社區的各項慶典或者活動也可運用學校資源來舉辦，學校才能在社區中發揮出功能與特色，在此前提下，校慶園遊會可能升級為社區園遊會。另外透過學生社團之經營，亦可針對社區人文與特色進行現有資源盤點、訪查、整理以發掘在地資源，並透過創意啟發共同創造社區特色文創，但學習的目標並非在於最後得到的「知識」，而是學習過程中的參與。

在過去有一些案例可供參考例如臺南私立光華女子高級中學所舉行的讓社區亮起來，大家一起來辦理花燈展示及里民參與創作，邀請合作社區居民一起動手做，激發社區參與感。城東聯盟「故事屋」巡迴展演以巡迴「說故事」為主要形式之社區營造策略，展演內容以城東文化性資產為主體。大東門「網路行銷」研習營以終身學習為主

要形式之社區營造策略，學習內容預計以網路行銷爲主體，並以發展成爲學習型社區爲主要目標等等。以此爲例主要是說明，終身學習是可以有效增加社區的凝聚力，但是這種凝聚力不應該只考慮社區內部分的團體，而是仍需考慮到其他的居民。尤其是高中以下的學生，現在許多學生產生拒學現象其潛在因素非常複雜，可能是家庭缺憾、成長歷程挫折、對學校環境抗拒及個人生心理的問題無法解決。如何建構學校與社區或是家庭的互動關係是件十分重要的事，倘若學校老師與學生都與社區互動良好，就可減少學生就學的陌生感與抗拒，應可避免許多事情發生。參與社區工作的學校職員、教師願意主動深入社區服務，於退休後也將回歸社區居民生活，繼續提供服務，永續經營的社區並非不可能的任務，而是個永續生生不息的循環。

圖 25-1： 屈尺國民小學學校與社區活動。

圖 25-2：芳苑國中參加社區節慶活動。

第二十六章　以過去農業灌溉設施轉型的社區營造策略——以灌溉水圳與陂塘為例

　　臺灣面臨工業化及全球化後，農村漸漸都市化農業漸漸沒落，水圳陂塘(Reservoir)的實質功能已逐年下降。許多人認為維護陂塘繼續存在即是生態的環保維護，其實當初人類為了農業灌溉的需求人工挖掘而成的水池再以水圳引水灌溉這件事，陂塘本身就對原有的自然生態環境是個破壞。保存陂塘的重點應是如何運用陂塘再生政策，利用既有陂塘水圳特色，將原有灌溉等功能創新再利用。當然最重要的是陂塘在社區中的定位、需求與重要性。

　　許多專業者進入社區內，經過地方的田野調查後發現有水圳或陂塘，便一再的以生態為由要求保存陂塘。事實上，並非所有陂塘都必須非要保留不可，主要是視在社區中所保留的水圳或埤塘等水利設施是否對過去社區發展中的生活、生態或生產具備重要的意義。倘若這些水利灌溉設施的保留可以展現過去產業發展的系統或共同記憶，且在現代社區生活中亦代表著新的地位及功能，例如養殖、防洪、使用或者觀賞，原則上這個陂塘即具有保留的意

義。這裡所指的觀賞，並非就是指以陂塘來發展觀光事業，一切社區未來的發展仍需以社區居民為主。舉例來說，地方政府邀請國外由藝術作品為媒介來傳遞陂塘文化的策略，並不會讓人認識桃園陂塘文化，讓藝術品融入當地原始風貌與特色，結果多只突顯藝術品的本身。且活動現場有學生志工卻少有社區參與，有些人會認為社區的人都有來「參與」這個活動。事實上應該是說「參加」這個活動而非「參與」，社區並未因所謂的地景藝術節產生人心凝聚的力量，影響最多的應該就是短暫得利的商業行為。

社區營造在日本已施行多年，已經是社區居民生活的一部分，其實社區居民每天都在做社區營造，社區裡盡是人才，自主的規劃著社區的每個事件或每個角落。本文所說以社區過去農業灌溉設施轉型來作為社區總體營造的策略，倘若整體水圳系統可建構出過去農業生活型態，這當然是優先的考量。若無法建構出完整系統則需考量現有系統的轉型，目前大多以環境資源教育推廣，倘若陂塘本身保留完整，就會孕育有許多生物資源，可提供社區接近自然的環境，也就是營造人與自然和諧互動的社區。有些「專家」受到委託社區的規劃，常會以強弱危機分析來判斷，事實上社區並非必要與其他社區競賽，過度的被媒體推崇的社區更易讓社區被外來者所破壞。所以社區參與原有灌溉設施的再利用規劃甚至施工或後續的經營，這樣來看，陂塘的改變轉型確實為一可能的策略。

本文亦舉一個陂塘轉型的案例，中壢士校大池本因灌

溉需求而開闢之陂塘，具備灌溉、防洪及魚產養殖功能。農田水利會原租予民間作為養殖、休閒魚池使用，但養殖業者造成的周邊環境污染常與周邊社區居民發生衝突。讓士校大池被鄰近華勛社區居民視為髒亂及窳陋的象徵。但經過整修後居民們紛紛來到這裡散步。但是這個案例並非社區營造成功例子，主要是要談灌溉設施轉型這件事，首先鄰近社區並未參與陂塘公園的規劃，再者施工者亦為政府委託，後續維護也並非由社區自主，只是類似將臺北內湖舊稱「十四份陂」改為大湖公園的案例而已。但陂塘轉型的改變當然也有可能為社區營造的策略，就看怎樣和社區營造的理念來連結。

圖 26-1：桃園士校大池一角。

圖 26-2：地景藝術節的陂塘。

圖 26-3：充滿生態的八德埤塘公園。

圖 26-4：八德埤塘公園的夕陽。

（圖片：感謝亞東技術學院林雨君老師提供。）

第二十七章　以社區服務作為社區營造策略——以社區安寧照護政策推廣為例

　　在臺灣目前談到許多社區營造的範例，多屬與社區群體有關，另一種接觸社區的模式則是所謂的社區服務。本文以目前政府因應社會老年化所推動的社區安寧照護（hospice　care）政策為例，來探討社區服務與社區營造的相關議題。有關社區安寧照護，指的就是讓生命末期可以返家改由醫療人員或其他人員到家庭裡作居家醫療的協助，此政策跳脫安寧病房的思維模式，可以讓病人避免無謂的延長死亡的急救、插管、壓胸或電擊，目的是讓病人減少痛苦，可以舒適及尊嚴的離開。當然政策並非空穴來風，日本自 1970 年代開即始發展各種居家式照護服務，1980 年代開始推動安寧療護，整合醫療和長照居家服務更為完備，又稱為「在宅醫療」，該項政策在社區具有強烈共識的日本自然推動十分順利。能以團隊的模式走入家庭內給予家屬面臨病人即將離開的照護計畫，整體規劃內容包括病人病逝後家屬悲傷的身心輔慰。實質上這樣的政策可以耗用較少的醫療資源，確實也可以給予社區家庭援助，

看起來是十分正確的方向。

　　許多人對社區營造與社區服務產生混淆，常認爲只要對社區做些服務就等同是社區營造。其實不然，社區總體營造的觀念遠大於社區服務。比喻來說，過去許多專業者受到政府的委託，前進社區去做「診斷」，這個診斷是純粹在「專業」上來做判斷，再委由社區以外的人（可能是學生、廠商或者其他人）來「協助」社區免費「服務」完成一些事情或者實質建設，其實這些要稱爲社區營造都太過的牽強，因爲整個過程都欠缺社區民眾的參與。社區營造的重點即在於人的營造，人必須要有共同意識才能凝聚社區改變的力量。但社區服務並非不能作爲社區營造的策略，屏除醫療臨床上的倫理與溝通技巧，社區安寧照護政策是可以作爲社區的共識的。反言之，倘若不以社區總體營造來實踐，單靠醫師、居家護理師、營養師、物理治療師、心理師、社工及醫院志工等醫院本身的資源，久而久之必定造成相關人員無法負荷。故就只期待以特定團體或單位來完成這樣艱難的工作，實不容易。整體策略應由建立社區共識的營造爲起點，讓社區認同政策與觀念，社區內有符合的案例即會自動通知所屬社區醫院或團體前來關懷，除醫療專業的部分外，情感的慰藉與關心除病人本身親人的陪伴外，更是需要社區鄰里的關懷。更何況於都市中並非所有病患親人都有時間可以提供居家照顧，也並非所有病患都有親人可以照護。而在社區內可能本身就人才

濟濟，是有可能居住著其他可以給予幫助的人（包括醫療或心理等專業者）。在社區協助下讓病患得到安寧的照護與幫助，更有助於鄰里間的和諧，這也是社區總體營造的目的。社區的關懷由社區民眾自主參與亦可在醫療團隊離開後繼續給予病患家屬精神上的安慰。所以社區服務也可以為社區總體營造的策略之一，但策略推動上仍會面臨許多需要突破的問題。例如社區服務長期給人只有弱勢才需要的刻板印象等。在繁華卻冷漠的都市社區中，其實建築物已經很少有鄉村開放式的客廳來迎接鄰居，而且仍有許多人抱著不接觸生病的人的傳統觀念，故仍有許多問題需要突破。另一可能性則是家庭關係緊張，醫院甚至可能比家庭更為溫暖。總之，相關政策的推動並不容易，仍需更多的溝通與突破。

圖 27-1：新北市政府社區照護宣傳海報。

第二十七章　以社區服務作為社區營造策略——以社區安寧照護政策推廣為例

第二十八章　創造都市社區農園的社區營造策略

　　受到工業化及全球化的影響，造成臺灣大量人口往都市集中，臺灣農業已漸漸沒落，而這些由鄉村前往都市工作的人，原本成功回到故鄉的願景，也漸演變成成功接父母來都市住的狀況。城市社區將會由現在事業有成的中年人及下一代與過去居住在鄉下農村社會的老年人所組成的家庭結構。對於有別於過去的宗親鄰里社會，都市的社區必須創造出屬於這些老年人的公共空間。

　　然而農業本身即具有教育的意義，以農業的體驗為生活基礎，透過農事體驗可理解農作物、生命與環境間的關係。倘若都市社區皆以社區菜園做為教育的實踐策略，除教育外，應有更多療癒的功能。社區菜園若經由社區居民的巧思與創意，將會被賦予在地特色及社會價值，而呈現出多彩多姿的面貌，甚至於是屬於社區特有的文化產業，也是凝聚社區精神的策略之一。

　　這樣的看法在 2014 臺北市長選舉中陸續被候選人提出，有的認為應該以社區營造方式設立屋頂花園 (roof garden)，有的則認為應在人行道種菜，然而其實這些都不

是問題的重點，社區營造的重點是在處理人的問題。在過去，只要社區有開放空間，都市社區第一個考量是設置為公園、噴水池及游泳池之類的公共設施。事實上，運用民眾參與的社區營造方式，將社區中的崎零地、髒亂點美化成社區專有農園，反而更能促進居民的凝聚力以及對社區的認同感。然而這些策略在過去也有過實踐，但若未有清楚的參與主體，僅會類似社區社團的型態，純粹給予特定團體體驗式的教學與以家為主體的社區營造仍然會有差距。在臺灣許多社區大學有在施行類似性質的都市農耕、光電農園及市場屋頂農園的案例，最後僅會凝聚部分社團及志工團的參與，但這並非本文所提的策略，本文所說的策略是要回到家的層面。

　　社區菜園的形成並不困難，困難的是如何將社區家庭中不同年齡層的人凝聚在一起。社區菜園既然由社區居民共同耕作維護，收穫也理當由居民共享。然而此項策略在都市社區實行的重要主體，應為從鄉村接來的父母。這些族群具有優良的農耕經驗，也對農作即具有熱誠，而從鄉村往城市發展的中年人也農業並不陌生，故可以於假日或工暇時協助農耕，具有對過去的回憶也拉近與老年人的距離。而下一代的年輕人對農業完全是陌生的，也可因此具有特殊的體驗。然而此種策略應視社區實際狀況而實踐，如以管理費方式來實施，每戶每人繳交部分管理費用，由這些農耕專業者進行小型農作，得到的農作物或成果分配

給各戶享用，各位亦可辦理社區票選來決定下一季的農作物。部分家庭亦可利用廚餘來再造有機肥，提供社區農作所需之自然肥料。如此得來的農作物其實就別具特別的意義，採取有機方式耕種，這些作物是可見且安全的。社區內的老年人亦可透過「共耕」、「共教」及「共食」來凝聚耕作者的向心力，透過栽種的參與，亦可達到園藝療癒的效果。社區營造的本身就是在處理人的問題，與其讓父母到城市適應都市生活，可能衍生的適應不良問題，不如讓其保有在農村原有的技能，更能提升老年人對自身的自信與尊嚴。當然這只是一個想法與策略，應是社區的潛力而定而且並不一定只限於農業，主要是期待類似兒時隔壁阿婆分享自種自醃的醬瓜的感動。

圖 28-1：錦安屋頂農園。

圖 28-2：松德院區屋頂癒療花園。

圖 28-3：松德院區長青花園。

第二十九章　以藝術店街創造社區營造的策略——以臺中市龍井鄉藝術街為例

　　所謂社區總體營造目的是讓居民以生命共同體(life experiences)的態度，藉由參與的社區事物來凝聚社區的情感及對於家園的關懷。其實社區總體營造本就沒有一定的模式或內容，也沒有標準的切入點或策略，只要居民自發性地行動尋找社區的潛力所在，讓自己居住的家園更美好，就是社區總體營造的表現。之所以要探討臺中龍井藝術街這個案例，並非探討案例的成敗，也並非宣傳在臺灣出現「異國特色」這件事的優越，而是希望藉由這個案例的探討可以得到一些值得醒思的事項。

　　現在的藝術街約於 1979 年開發，稱為理想國。理想國室柏拉圖建造一個理想的城市，而是完美的。當時臺灣陷入大批興建房屋的時期，當時購屋反應相當熱烈，一系列未經詳細地方環境考量的建築物不斷出現，其實就是環境的嚴重破壞。期待外來者可以來購買的觀念，最後導致許多建案空屋率相當高，理想國也是其中之一。直到 1989 年現在的經營團隊取得授權租出部分店面，以藝術街坊營造

臺灣的社區營造策略分析

重新出發，企圖以共同形象塑造藝術街坊店家的特色。故此案例開始並非有社區的存在，而是特定團體店面出租招收新店家的投入，在互相影響下相鄰原來並不屬經營團隊的建物，開始有其他的業者進駐，但大部分開設的是商業行為下消費的商店。這個社區的形成有別一般的案例，而是在商街形成後開始出現明顯社區的型態，包括店面免費提供社區之社團使用，聚集而來的當地居民漸漸開始主動美化社區，用許多仙人掌盆栽堆疊著來裝飾電線桿，以及用吹風機外殼製成的烏賊掛在樹梢，自豪地向來訪民眾介紹自己居住引以為傲的社區。社區中的「柯比意廣場」是社區孩子們玩樂的園地，也是舉辦社區藝文活動的場所。

之所以要提這個案例不是要提現在社區如營造成功及有特色，而是要看到這個由無到有的社區凝聚，此案原本社區早已是治安的死角，透過商業行為凝聚新的社區觀念，有別一般有社區再凝聚的方式，這是一個不同的特例。所以改變社區環境其實不一定要循著既定的體系，只要有心也能創造理想的國度及藝術的生活，所以即便是小小的付出都能累積豐碩成果，就看社區居民願不願意開始去做。面對社區內廢棄的房舍，或許少許的改變也會成為改變整個社區的契機，舉例來說，新化社區就將社區內的廢棄宅院改為人文學堂，反而成為社區的亮點，所以社區營造創造了社區之無限可能。

圖 29-1：藝術街一角。

臺灣的社區營造策略分析

圖 29-2：藝術街一角。

第三十章 以影劇景點推銷社區特色之社區營造策略

　　要談這個社區營造策略其實失敗的案例大於成功的案例，而且往往就出現在大家的身邊，基於鼓勵社區的自主營造，所以並不舉失敗案例來談這件事。從我們看到許多韓劇的內容，其實都隱含著對韓國文化特色的推銷，其成功引來許多遊客一探究竟。然而，在臺灣許多影劇也會在一些景點或社區作拍攝，但最後並未有融入過多社區文化的介紹，最後反而引來更大的社區災難。

　　過去許多影劇或者網路部落客推薦景點，常會造成對既有社區的帶來困擾與甚至於是破壞。倘若因為影劇或其他原因引來大批遊客不遵守社區機制任意進出，甚至招來與社區無關的商業行為。對社區來說，增加能見度造成社區整體型態的改變。倘若以振興社區觀光來看，許多因為網路影劇慕名而來遊客，只是僅將重點放在特定點上而非整個地方，並無法真正展現社區價值並容易被替代及遺忘。只是隨著遊客湧進，越來越多以「發展觀光」的名義干擾當地生活的事情發生。而且許多藉由影劇網路招來商業行為的社區，並未因此造成地方人回流，仍持續減少

中。戶口人數，反而是漸漸地減少，前往開設商業行為的店家與社區並未有過多的關聯性。甚至最後演變成原有社區居民漸漸離開，取而代之的是外來店家與一堆與社區無關的商業行為。

　　休閒旅遊其實在臺灣已經形成一種趨勢，屬於人們生活上重要的一環，如何創造並且利用一種新的旅遊概念，使得遊客尊重社區原有型態，這是另外一個重要課題，否則旅客到社區後，最後仍然是只有對影劇的印象，並不會瞭解到社區的原貌。在社區角度來看，雖遊客到社區旅遊所消費的觀光財可能對社區有所助益，但仍需堅守原有社區生活模式。所以一個景點不應是突然的出現，社區對於影劇在社區內拍片前都應有部分的計畫，該要如面臨大量遊客到社區這件事，包括出進入社區特定區或地點可容許之活動或不容許之行為。若是戲劇的拍攝的劇情內容則建議應融入介紹社區整體特色為主要宣傳方式，避免落入社區內特定景點、個人或動植物的觀點。而社區為主的旅遊倘若並未做好相關計畫，剛開始社區居民對遊客歡迎的態度，會隨著隨之而來的環境破壞或商業行為轉變。當原有社區環境處於被遊客漸漸剝削的狀態，社區居民就會轉為對遊客產生敵對的意識。倘若無法改變遊客對社區生活環境的破壞或剝削，隨之而來的則會是社區居民對社區的放棄，或將住屋租給外來者經營，或搬離已經破壞的社區，甚至可能是當地居民去營造為觀光客刻意表演的情境或事

物的假事件（pseudo-event）。所以這樣的策略的經濟效益必須適宜，且必須建立在尊重社區既有文化為前提。換句話來說，倘若當地社區是個生態社區，所有的旅遊都應以生態參觀或體驗學習為主要目的，而是採有意義及減少破壞的觀念下的行程。所附屬而來的商業行為所得利益也都該是用來維護生態做為主要目的。所以社區期待以影劇等方式做為社區總體營造的策略，很容易成功吸引遊客來到社區，但應以遊客瞭解社區既有文化為主要目的，且應謹慎的規劃旅遊方案，以避免最後反而造成社區的瓦解。

圖 30-1：偶像劇出現的房子位在瑞芳，劇中將其地址改變，無法傳達出真正社區的樣貌。

圖 30-2：在宜蘭出現的民宿，雖為拍攝景點，卻難有宜蘭文化的展現。

第三十章 以影劇景點推銷社區特色之社區營造策略

第三十一章　臺灣的都市更新 vs 社區總體營造

　　看到此章節的標題許多人會覺得很奇怪，都市更新(urban renewal)不是對社區的破壞，怎麼還與社區總體營造會有關聯性。其實都市更新本來就不該是只有改建這個選項，但因涉及法令層面，在此就不再贅述。但都市更新論述在臺灣的實踐下，主導權變成在建商的手中，都市更新的結果也就等同於社區的瓦解。迎接來的是一群大量新住民。所以會造成若是眷村改建，眷村就瓦解的現象。

　　在臺灣都市更新的執行到處惹來許多爭議，原因其實來自人的投機心態，還有只以自己的家作經濟利益考量。所謂的都市更新計畫，若更新單元範圍內地主整合度高，其同意比例已達都市更新條例第 22 條規定者，得免擬具都市更新事業概要，並依第 15 條及第 19 條規定，逕行擬具都市更新事業計畫辦理，縮短既有之審核程序。此外，都市更新事業者若取得私有土地及私有合法建築物所有權面積均 4/5 以上同意，不需同時取得 2/3 所有權人同意，即可申請實施都市更新。看起來整個法令並未考慮到社區的觀點只考量到地主，而所謂的公聽會，社區民眾也只是參

加並非參與。然而，都市更新本就應該在社區總體營造的觀念下來執行。也就是說整個社區才是都市更新的主導者，社區民眾參與後續都市更新的設計，提供日後環境的願景，親自監工看見未來的期待，而建商應該只是都市更新的棋子而已。依據社區共識所產出的設計與願景，自然就可避免抗爭與衝突。而新完成的社區大樓即使有空出幾戶來，也應該是讓外來者融入這個社區內，如此的都市更新理念，才能保留原有的社區完整與共識。

處理都市更新的問題其實並不在公辦或私辦，而是在都市更新興辦時的角色確定。原居住社區的居民才應該是都市更新的主導者，公家機關也好建商也好，都應該只是協助社區居民達到願景的助手，不能只是貪圖擁有稅捐減免及容積獎勵之優惠而興建出與社區期待相左的建築。在這樣的觀念下，都市更新何嘗不是社區總體營造的策略。社區居民透過對未來社區的想像，共同規劃社區的空間及環境，藉由建商及公家機關的幫助協助，可讓原有社區民眾夢想中的社區在面前實現，來就是可以實現的事。

圖 31-1：到處抗議的標語層出不窮。

圖 31-2：宣示主權的都市更新用地。

第三十二章　發展替代能源的社區營造策略——以大肚立全社區為例

　　社區是居民生活的舞臺，社區總體營造是一種人的情感的集聚與凝聚的過程，是一種互動溝通的循環，是創造永續發展的社區方法。而社區總體營造的觀念需要更多的人、更多的社區及更多的單位來共同參與，才能讓社區總體營造在臺灣成為真正的總體與永續。

　　位於臺中的大肚山台地，強勁的東北季風呼嘯而過，大肚山上的強風一直都是當地區民生活上的困擾，但也成為該社區的潛力所在。1979 年，建商在大肚山上現址興建了七大棟的四樓分層公寓，共二百八十餘間，但卻因位處偏遠格局過小，且一開始就設定由外來者購買，終究演變成建商倒閉。最後這個社區連自來水都未申請，其他公共設施也無法完成，周遭環境逐漸荒蕪雜草叢生，加上人口稀少，整個社區幾乎變成廢墟。當時，可容兩百多戶的社區，僅住著三十多戶人家，但這些都沒有使社區居民放棄這個社區。居民聯合起來組成了社區管理委員會，共同解決用水及其他等生活上的問題，更設法吸引更多人來加入這個社區。這種案例在前面章節就已經有著類似的案例，

是在這個時期臺灣普遍出現的現象。臺灣的都市其實要凝
聚人心並不容易，要再出現三代同堂的情況更不容易，我
們從臺北市新的建案格局來看，已經鮮少有神明廳及父母
房的規劃，看得出三代同堂已漸漸成為一個遙不可及的
事。

　　我們從探討立全社區的營造策略，其實一開始是由環
保（Environmental Protection）來帶動社區參與，以打造
環保社區為目標，從最基礎的資源回收及環境綠美化開
始，帶動社區的活力。這裡有回收寶特瓶所裝飾的環保水
車、廚餘製作場、社區示範農園、社區廢棄腳踏車修改為
發電腳踏車等等，均由居民自力打造及認養，雖然從社區
建築物上來看是老舊的，卻可感受社區居民已擁有環保概
念。

　　最重要的是社區懂得利用大肚山風的特質，積極研發
風力發電系統，朝綠色能源社區努力，從 2002 年從回收場
報廢的工業用電扇，拼拼湊湊就成為社區第一個可以發電
的風車，卻引發一系列打造風車故鄉的行動，風車也成為
社區的代表意象。幾年下來，社區透過專家的協助研發，
現在社區的風力發電機，分別放在公共區域，作為景觀造
型及小型照明用。當人們想試著幫社區從傳統尋找可能策
略，如何利用社區特質建構出一個綠色能源的社區，也是
一個可能性。當然風車的樣式與圖樣及社區總體意象並不
在本文討論的重點。主要討論的是這個社區策略的政策，
讓我們知道低碳減量，其實不用大費周章，也不必花大

錢，只要做到能源的自給，就能讓社區居民得到實質的利益，也對全球資源永續與環保盡到一份心力，即使是小小的改變亦有大的力量。

圖 32-1：社區內到處可見的風車。

臺灣的社區營造策略分析

圖 32-2：風車成為社區的主要推展方向。

圖 32-3、圖 32-4：風車的型態多元而簡單。

第三十二章　發展替代能源的社區營造策略——以大肚立全社區為例

第三十三章　以戰地風光做為社區營造策略——以金門縣古寧頭社區為例

　　許多人認為必須發展金門的自然環境教育或生態旅遊，但這件事似乎不應是金門的發展重點，因為自然生態的破壞最主要的就是人的足跡，倘若在缺乏自然生態的都市區域，自然鼓勵增加生態面積。而處於自然生態保護公園，最重要的是維護生態的自然發展，免於人為的破壞，過度的利用自然環境做為生態教育旅遊，反而容易造成自然環境的破壞，不論如何管制旅遊人數僅能減少而無法避免無形或有形的破壞。雖然不建議以自然環境旅遊當成發展目標，但一些淨灘與生態復育等活動仍可繼續進行。

　　金門地區由於長期實施戰地政務，姑且先不論其與臺灣長期隔閡的發展差異，就以這幾十年來累積在當地當兵者的記憶，就是個可觀的資源。居於軍事安全理由，金門長期除軍事以外並無太大建設，故大部分聚落仍維持閩南傳統建築風貌，構成金門縣特殊之文化景觀，尤其古寧頭社區因經歷 1949 年古寧頭大戰至 1958 年八二三砲戰，大部分居民因避難紛紛遷居臺灣及金門縣各地，人口外移嚴

重，65 歲以上老人更佔全村人口的 20%以上。然而，古寧
頭社區擁有獨一無二的古寧頭大戰戰場遺址及紀念此一戰
役的「古寧頭戰史館」，此處人文史蹟、戰役史蹟與戰地設
施才是發展的重要特色。金門的特殊在於即使是漁業也是
有別於臺灣的戰地漁業發展型態。雖金門曾經是全民皆兵
的民防自衛隊狀態，社區居民生活圈小，人心的凝聚較沒
有問題，但民眾長期習慣軍民合一的狀態，並不見得有對
公眾事務有主動參與的熱誠。而近年來軍人大量減少，除
大陸的觀光客外，就是臺灣來的遊客。對大陸而言「金
門」兩個字是長期對峙下的兩個世界，在臺灣遊客來說，
部分是對於當初服役時的回憶。所以所謂「百萬大軍重返
英雄島」活動，是正確的，活化利用舊營區是必須的，不
應急著拆除廢棄的營區。所謂的活化利用並非只必須就是
變成藝術村或文創園區，而是活化的結果必須仍保留原來
的意義，無論是導覽解說、民宿經營及賣店經營都不該離
開戰地文化的特色。社區營造將古蹟、文化以及當地特殊
的戰地歷史結合透過耆老講述戰地歷史並包裝成為故事，
這個故事是讓遊客去體會的，並非當地居民因此改變原來
的生活或因新的觀光產業卻改變聚落生活模式與生活習
慣。

　　金門的發展轉變過快，從外島前線的戰地轉變為國家
公園，從倚賴不得不停留的軍人消費，改變成大陸遊客及
臺灣觀光客為消費重點。金門要的不是與臺灣一樣的商店

第三十三章　以戰地風光做為社區營造策略——以金門縣古寧頭社

街招牌統一與改造，亦無需模仿臺灣舉辦花卉博覽會，更不需要規劃自行車道，因為在金門每條路都可自由且悠哉地騎乘自行車，當初大批軍人進駐時，軍人洽公也多以自行車代步，本就屬於交通悠閒的島嶼。會以這個社區為例並非這個社區已經做出怎樣的成果，而是認為對於古寧頭或者湖井頭之類的戰史社區，本就該是當地的資源，應審慎思考發展的方向。另外，金門特殊的宗教信仰，如：烈女廟、歸神廟及將軍廟等，也是另一個發展的資源，更應用心的保護保存。

圖 33-1：近年施作的和平廣場。

圖 33-2：由戰備道修改的自行車道。

第三十四章　文化創意產業 vs 社區總體營造

本章節談到臺灣近期不斷出現的文化創意產業(Cultural Creative Industries)潮，所謂的文化產業應根植於文化，具有社區性、地域性、社群性及文化認同性。文化產業應是能創造民眾精神滿足，令人感到幸福的產業。臺灣戰後受到大中國文化爲主影響，隨著公民的覺醒，開始重視及尋找在地性文化，當在地文化產業化時，必須給予創意才能轉換爲較具吸引力的產品，所以在考量以社區規劃師來協助社區營造的同時，所謂的文創菁英應也可進入社區協助文化創意產業的推動，才能使社區文化產業多元化及創意化。

然而在 2009－2013 創意臺灣文化創意產業發展方案行動計畫，文化創意產業已改以經濟學產業群聚的觀念，類似產業園區規劃的手法，創造文創園區，再將文化創意產業發展法所規劃的「文創」產業納入集中發展，文化產業在地方，而文化創意產業卻不在地方，而所謂文創專業者則必須進入園區裡進行文創，此類產業發展居然與一般創意產業並無任何差別，更何況所能展現的效果必定有限，

常見的文化創意也多無法深入地方文化，而常將文化圖騰或文字印在現代化產品上。故仍應先以地方文化產業為基礎才能將文化創意產業化，否則仍無法解決城鄉差異所造成的問題。

　　社區營造與教育的目標的都在教育人，應該有著關聯性。檢視鄰近社區營造成功的國家日本，日本的文化創意產業並不會是一個特定企業或者行業，日本的文化觀念是由教育開始，透過學校旅行，又稱休學旅行、戶外教學，達到文化教育的目的，國民即有深刻的文化意識，舉例來說，日本人以穿著傳統服飾為傲，到處可見穿著傳統服飾的人，而臺灣卻並非如此。更弔詭的是在大阪街上看到穿著日本服飾的民眾，有一部分是臺灣的觀光客。日本在其各地區都具有特有的文化產業，透過創意將地方產業的深層意義展現，舉例來說：京都的稻荷神社以鳥居眾多為主，需多人都是透過藝伎回憶錄這部電影來的此場景，其以貢獻鳥居作為對神民的尊重，所以其所販售的小型鳥居就帶有文化的意涵，民眾願意購買奉獻給神明，另其另一特色即為象徵豐收的狐狸，其許願卡即設計為狐狸的臉，除可填寫願望外，亦可自行為狐狸畫上臉部表情，鳥居與許願牌如果去除其文化層面，只不過是簡單的木製品。日光市長齋藤文夫拜會民視電視台董事長田再庭，送上的紀念品，這塊來頭不小，這是日本著名的日光雕，傳承數百年的木雕技藝杉木滑鼠墊。增加了文化層面就增加其無形的價值，然而這一切與地方的關係卻是緊密結合的。這與

韓國以韓劇來行銷其文化背景、風俗民情與名勝古蹟等是有異曲同工之妙。所以所謂的文化創意設計者應進入社區參與品牌形象、產品包裝及行銷策略等，建構社區居民對於文化創意產業的概念與專業知識，幫助社區設計改良自家、社區商品，達到進化與創新，進而邁向文化創意產業之路。

　　有關文化創意產業的推廣，要看是從何角度想這個議題，文化、創意、產業，文化創意、產業，文化創意產業，文化產業、創意，不同的組合有不同的詮釋方式。在臺灣目前的方式是「文化創意產業」，在日本則是文化、創意、產業，但文創應該與地方結合'，臺灣要做的應該是將社區地方的文化產業加以創意，成為文化創意產業才是。

圖 34-1：日本小孩的休學旅行，瞭解東大寺傳統文化。

圖 34-2：日本中學生的休學旅行。

圖 34-3、圖 34-4：奈良公園內的學生及與鹿的互動。

第三十四章　文化創意產業 VS 社區總體營造

第三十五章　產業與文化的共存——以屏東崇蘭社區為例

　　這本書所寫的永續營造策略，並非僅對臺灣的社區營造成果給予表揚或褒貶，而是對策略與理念的探討。而每個社區也絕非只有一種策略可作為方向或目標，本章節舉屏東的崇蘭社區為例，也就是因為這個社區的發展並非只有一個方向，是個可以探討的案例，主要是探討社區願景目標執行的方法。2002 年社區發展協會結合文化藝術團體及學校後，使得社區整體發展起來，所以社區凝聚的力量有時也需要一些外來的協助及既有大家族來起頭，但必須注意社區應掌握主導權。社區從地方信仰中心蕭氏家廟開始凝聚民眾討論修復事宜，後續居民參與了昌黎殿三山國王廟興建及舊崇蘭派出所改造，開啟社區多元化發展的濫觴。

　　其後當地居民利用當地種植菜瓜發展出特殊的菜瓜宴。該品種為長出土後出現七片葉子時即會開花結果，故為七葉瓜的「崇蘭辦桌」，這是這個社區的一種特色創新。只要社區組織發展健全及觀念正確，一切就會變得順利。崇蘭社區居民對信仰中心有著一定的虔誠度，故與其他社

區相同，也有廟會活動，但卻是 1963 年電影「素蘭小姐要出嫁」上映後在臺灣南部所流行的「素蘭陣」。這個陣頭十分有趣，人員大約 6~8 人，有媒婆（常為男人反串）、新娘（穿現代西服）、其他人則是穿著俏皮服裝，跳的則是現代舞步或山地舞，再加上地方上傳統的「神龍會」的舞龍，這些都成為社區的重大特色，當然也包括後續發展出的彩繪藝術街及崇蘭圳的生態導覽，姑且不論內容及成果，確實因此創造社區的多元面向。舉例來說，倘若社區某社區以某高處可以看到 101 大樓地標作為其特色亮點，或許某個社區也可以看不見 101 大樓做為發展特色，所以社區特色是靠創意而來的，即使最後執行的結果不見得如願，但參與及凝聚共識的過程已讓人與人更加接近，這才是最重要的部分。

　　所以無論是怎樣的社區營造策略，與居民溝通的「語言」都應簡單易懂，以利快速地建立一種共識，也避免產生距離感。這個組織必須是快樂且和諧的，每次會議主要目的在於說明相關人員角色、責任及預定方向的計畫時程，訂定簡單明瞭的質與量的指標，再來就是快樂的執行。但是不宜以企業或公家機關的科層制方式來執行，整個組織會過於嚴肅或沉重。許多「專業者」會用 SWOT 分析（優勢、劣勢、機會與威脅）後，再繪製策略地圖在據以來推動社區各種策略。這種類似分析應視社區居民的結構而用，本文不論此項分析的實際成效，只是在推動社區總體

營造來說，這項分析過於艱難與嚴謹不易讓社區民眾接受與瞭解。總而言之，推動社區營造應該有著更為自然易懂的方式來分析，故對於注重溝通、形成共識、鼓勵質疑與討論及採納不同意見的社區會議來說，應避免引用公務機關或民間企業的商業分析方法。

圖 35-1：崇蘭社區從清朝開始順著萬年溪濕地及湧泉聚落開始產生。日治時期時成為市集又叫做「舊街」，因為離機場近，社區裡也有有許多日式官庄。

臺灣的社區營造策略分析

圖35-2：４５６藝術巷裡水墨的畫法，隱身於社區某不起眼的角落中，臺灣近年開始出現大量的社區彩繪，彩繪並非不可，主要是看彩繪的內容及地點是否妥當。

圖35-3：阿緱（屏東之舊名）地方文化館即為建於西元1927年之蕭家學堂——課餘軒，西元2004年社區居民以閒置空間再利用觀念，把這裡重新整理。右圖為日式建築。

第三十五章　產業與文化的共存——以屏東崇蘭社區為例

圖 35-4：蕭氏家廟於 2012 年 12 月完成修護工程，在屋脊上的剪黏與交
趾陶都屬於臺灣的重要的傳統工藝。

圖 35-5：臺灣南部傳統的素蘭陣（據說南臺灣最出名的為潮州六姊妹）。

第三十六章　以綠建築作為社區營造之策略——以臺南的金華社區為例

　　綠建築(green building)在日本將其稱為環境共生建築，部分歐美國家多稱之為「生態建築」、「永續建築」(sustainable building)，在美洲、澳洲、東亞國家，北美國家則多稱為「綠建築」各有不同的評估方式。在臺灣綠建築指標的推展時期較早，內政部建築研究所為鼓勵興建省能源、省資源、低污染之綠建築建立舒適、健康、環保之居住環境，發展以「舒適性」、「自然調和健康」、「環保」等三大設計理念，於 88 年 9 月 1 日正式公告受理「綠建築標章」申請，標章之核給須進行綠建築七大指標評估系統之評估。包括基地綠化指標、基地保水指標、水資源指標、日常節能指標、二氧化碳減量指標、廢棄物減量指標、污水垃圾改善指標、經綠建築標章審查委員會審查通過始可發給標章，評定為綠建築。然而，隨著「綠建築解說與評估手冊」(2003)的檢討更新，決定於七大指標系統外，加入生物多樣性指標與室內環境指標，成為九大指標。藉此將使綠建築由過去「消耗最少地球資源，製造最

少廢棄物的建築物」的消極定義，擴大為「生態、節能、減廢、健康的建築物」的積極定義。

本章以綠建築來探討社區營造的問題，在臺灣，現在大部分都是新建建築物往取得綠建築標章的設計，但綠建築標章似乎變向的成為新開發案的合法藉口。舉例來說，若開發一個大型集合住宅區或許會影響約 3 公頃的自然生態，我們現在改用綠建築只會影響約 1 公頃的自然生態，但是這件事非常的弔詭，以人類的親成長發展下，或許以前 3 年才開發一個大型集合住宅區，現在卻是每半年就進行一次大型開發案，新建案採用綠建築並不會減少環境的破壞， 更何況現今的建案到處都是超過 50 坪以上的大豪宅，居住人數不變空間加大設施變豪華，所需使用的能源需求更大，對節能政策來說只是雪上加霜。

而現今臺灣綠建築則分為社區類、舊建築改善類、基本型、廠房類及住宿類。應儘量以舊建築及社區改善為主要目標，避免大型開發案的出現，無論是拆或建對環境的破壞是無法避免的。當然雖然綠建築已規劃社區類，但本文並非鼓勵所有社區大費周章的去申請綠建築標章認證，但其所認證的相關指標是可以參考為社區營造的目標。本文所舉的案例金華社區早期是靠海的荒廢鹽田，直到臺灣工業起飛的年代，為配合安平工業區的開發，政府將這塊地區規劃為國宅，之後並設置國宅里才開始出現社區的型態。金華社區在社區營造的開始即確立草根立場，將社區

民眾的生活與習俗及傳統相結合，確定社區的組織。而他們堅持環保生態，堅持社區營造的各項建設都必須有綠建築概念及作法，落實在社區的每個角落，雖然並非所有建設都是社區親自做，而必須由政府發包，得獎之後政府的「協助」也會變多。而本文並非要宣傳該社區的得獎次數或成就，而是要談綠建築的實踐策略。當然這個案例並非僅有此類目標，甚至也有出現與政府機關的抗爭。但是他們以綠建築概念來實踐社區營造的策略，其實也是件可行的事，也可將永續觀念更加落實。所以我們在談從搖籃到搖籃這件事，也應該注意不要再增加環境的負擔，即使以新建綠建築的方式也是環境的負擔，本就應著重於舊建築或社區的綠營建為主，減少無謂的大型開發。其實能讓環境和個人過著無負擔、幸福的生活，就是一個好的綠建築。至於環境的定義可以是社區，可以是城市甚至是國家、全球或全宇宙，這就看居民如何認定，唯一可以知道的，絕非封閉的個人或家庭。

圖 36-1：金華社區的綠色營造。

金華ㄟ春天！漫舞花弄巷
文化藝術廊道

圖 36-2、圖 36-3：垃圾巷變身為藝術長廊。

第三十七章　醫院融入社區的展望

　　一般人都不願意到醫院去，過去更被認為會帶來噩運，更何況是精神病院。松德院區位於臺北市邊陲的象山內，除與高壓電塔、變電所相鄰更與寧波公墓為鄰。在過去，臺灣普遍農業社會為主的社會結構中，民眾仍有許多禁忌與習慣，精神病患與囚犯都屬於需強制處理的群體，加上墳墓與電塔的環境，與裝滿鐵窗的建築物，讓這裡漸成為一冷漠的空間型態，不如一般綜合醫院看到的親情流露，當時的病人鮮少有人探望，成為被人遺忘的空間。雖後來整合為臺北市市立聯合醫院松德院區，空間給人的感覺卻難以改變。

　　1969 年臺北市立療養院成立，2005 年臺北市政府所屬各市立醫院整併改名為臺北市市立聯合醫院松德院區。松德院區與一般位於市區的綜合醫院不同，除所轄第一院區及第二院區外，第三院區原為臺北市煙毒勒戒所，為威權時期肅清煙毒條例的產物。1993 年松德院區正式承接煙毒勒戒所業務而成立成癮防治科，空間使用開始轉變，不再是嚴肅的監獄，成為青少年精神醫療中心，空間解嚴後更添加自然及溫馨的氣息。松德院區內各院區分散在院區各個

角落，各有特色及環境，雖然現在的精神病院家屬已經可以探病，一般人也較能接受精神疾病看診的行為。但因空間的冷漠及長期的污名致使一般家屬來探病的不如一般病房來的多，屬於偏離的異質地方–安置偏離了中庸和規範的人們，這種空間特性甚致影響欲前來院區就業的意願。信義區崛起後以松德院區為名的市立療養院將出現轉型的契機。

松德院區位於繁華的信義區內，空間因經濟崛起後，位於邊陲地帶的松德路也因擁有象山自然景觀跟著土地價值升高。隨著時代的轉變，看精神科不再是個令人羞恥的事，家屬也可大方進入精神病房探望病患，在整體環境價值提升的同時松德院區出現轉型的契機，近年來每到跨年倒數時也開放許多民眾至院區內觀看 101 煙火秀，每到假日院區旁的象山登山步道也湧進許多登山客，當民眾融入環境中，原本的懼怕及恐懼可望消除，空間也出現活絡的感覺，在文建會大力宣導社區總體營造下，松德院區也委託「專業者」做了社區營造計畫，期望改變鄰里關係，營造更好的社區環境。

院區在 2006 年開始進行社區總體營造的工作，院區開始規劃與社區活動的平臺，雖短期間並未明顯達到效果，但已體認到唯有深切瞭解院區空間及周邊環境並修補良好的鄰里關係，才能營造新的空間特色，所以空間應該是因人的使用而規劃的，而非因專業者的表現而產生。另外松

德院區也極力營造院區特色空間，讓民眾更瞭解精神病患，不再與世隔絕。

　　松德院區第三院區主要為收治罹患中度以上障礙的精神及情緒行為疾患的青少年，屬精神障礙者特殊教育性質。根據張碧鳳護理長陳述，此院區以生態療癒活動為主要設計理念，考量慢性精神病患的特性與松德院區生態醫院的特色，訂定相關學習主題，發展為具醫院特色的本位活動。有研究顯示，接觸自然帶給人類在生理、情緒、認知、社會及靈性方面的福祉，生理方面：引發 α 腦波，降低皮膚電流傳導、血壓、心跳及臉部肌肉活動等生理緊張狀態。情緒方面：可降低憤怒、苦惱、好鬥、激動等負面情緒，提升快樂、友善或興奮等正定位面情緒。認知方面：研究顯示可提升注意力。社會方面：研究顯示與自然接觸越多，暴力或犯罪的發生較少。靈性方面：研究發現與自然互動可獲得平和寧靜，與萬物合為一的歸屬感。所以第三院區主要規劃方向為桃花源環境的生態區塊，生態醫學強調人與環境之互動關係，透過大自然啟發個人自我療癒力量。生態療癒花園將有助於病患之復健及「生態醫院」特色之永續發展。故整體松德院區更應以自然癒療花園為前提將院區周圍環境綠美化，外部空間將以生態工法為主要美化方式，利用園藝治療環境應達到釋放壓力的功能，與鄰近社區共處在這片芬多精的自然生態環境中，共造心靈桃花源。雖然距離擺脫瘋人院恐懼的污名還有一段

路要走，或許有一天可以有創意的把樊谷的畫展辦在這裡，提高院區除醫療面向外的其他價值，漸讓社區以醫院為榮，開心的接納痊癒的病人回到社區。

2015 年松德院區再度走向社區，舉辦了紫藤花見活動，邀請了里長等人員到院區內進行活動，建構了新的社區交流平台，社區的發展如果以將社區鄰避設施遷移為目標，其實是十分困難的，如何瞭解、改善、轉變這些鄰避措施(NIMBY, Not—In—My—Back—Yard)成為社區的新亮點，才是真正的方向。

圖 37-1：對面真善美社區背面變正面美化活動。

圖 37-2：原煙毒勒戒所監獄建物拆除後保留部分牆面作為歷史記憶。

圖 37-3：生態療癒花園紫藤生長前狀況。

圖 37-4：嚴肅空間變生態池及生態療癒環境，空間解嚴由病友共同自主
營造。

圖 37-5：松德路上擋牆由病友自行捏陶鋪貼的蝴蝶陶磚來代表院區特
色。

圖 37-6：一日園丁自主花園種植除凝聚員工向心力，更充滿意義。

臺灣的社區營造策略分析

圖 37-7：紫藤花見建立社區新的溝通平台。

圖 37-8：紫藤盛開的美麗情景。

第三十七章　醫院融入社區的展望

第三十八章　防災教育融合社區總體營造觀念——以消防防災與社區結合為例

　　這是一個在都市中位於商業社區內的社區總體營造假設，以消防防災理念結合社區教育館設立為例，所以預設社區在臺北市信義區商圈一帶。2011 年臺中阿拉夜店火災，造成死 9 死 13 傷的慘劇 ，突顯除建築物本身人員的消防訓練外，消費者之消防觀念亦相當重要。依據相關規定，公眾使用之建築物應「配備」防火管理人（Fire prevention supervisor），針對店內消防安全把關。防火管理的重點在於人，前往公眾建築物的一般民眾，則普遍缺少防災的觀念。故本文擬探討利用社區營造理念及其商業行為，加強社區之防火教育訓練，以加強火災預防及緊急應變能力，始能與消防安全硬體設備與社區理念相配合之可行性。當然。硬體上防火教育館的設立原則上是可行的，但不該只是供特定團體體驗的功能，仍需加入社區總體營造的理念，只要能凝聚社區之向心力，只要每個人都能稍微花點時間與心思，就能減輕災害的衝擊。經過參與機制達到防災教育的正確觀念及編組，才能更加確保安全無

虞。社區之防火教育館，除體驗性質外，應有民眾自主體驗之成果，如：居家環境安全檢視、緊急儲備品及救生物資之存放等，定期將成果布置於防災館內使居民都能了解，透過社區營造的力量，使社區達到一定的自主防災能力，而不只是災後的等待政府及其他人士的救援，才能使都市社區火災教育館發揮最大之功能。

綜上所述，在大型商業社區內，一般社區住民反而成為配角。這樣的社區則仰賴商家及政府單位共同營造社區整體觀念。而可透過防災整體規劃融入社區營造之理念。防災教育館透過社區總體營造每年預定固定時間進行社區防災教育及演練，並可與鄰近商業行為結合，例如配合週年慶活動龐大的人潮提供前往參與防災教育結合社區教館體驗者回饋之優惠，讓民眾可得到實質的教育後在進入商圈內活動，更可確保防災知識及社區理念的傳播，為這種商業區域大於住民社區的優勢與策略之一，或許亦可在商業社區中創造出不同的在地化(localization)特色。當然此種概念亦可用於其他類型的社區，個社區視其重點的生活行為來彈性發展，創造更安全的生活環境。

圖 38-1：現有臺北市內湖之防災科學教育館。

臺灣的社區營造策略分析

圖 38-2、圖 38-3：日本融合社區的安全宣導活動，連警員都載歌載舞。

第三十九章　從空間改變的角度來看社區總體營造

　　在臺灣社區總體營造這個問題已經探討很久，本章節試著從空間的角度來看這個問題。先不論原住民的部分，先探討在臺灣人口占最多的漢文化族群。不論漳州或者泉州人渡海來臺，大都是以農業爲主。農業社會人民用土地養育自己，並埋葬自己的祖先，農業社會時人們很清楚對大自然不能予取予求，並不會過度的使用土地資源。而同一塊土地上因農耕技術的不同，也會有不同的農業成果。所以大家庭的形成某些因素也是因爲尊祖及技術傳承所致。在當時所有人並沒有辦法獨立運作，更何況在整個家族下仍必須有防止外來爭奪的戰鬥組織。故此時集權的家族制度及複雜的稱謂都是爲了組織起來讓家族可以生存。這樣的大家族型態下，所有的空間都有規劃訪客或親戚可來溝通交流的空間，透過姻親也可能產生不同姓氏的親戚。在現代的都市社區(urban community)，主要是希望在新的空間中，找回原有凝聚的情感。

　　然而，在現代都市中人的疏離問題不易解決。從過去的形態來看空間的形成，其實與社會、產業及人等因素有

關。而處理類似問題還是必須回歸人的根本來處理。除了人的個體本身之外，還有家庭人、社會人、國家人、民族人、世界人甚至於宇宙人，個體置身於家庭中，要邁向社會人並沒有特別的教育可以教導。從前大家族的結構下，人們從小即可透過溝通交流的空間接觸家族中人親戚或訪客，得到日後於社會上與人相處之道。從家庭走入群體，這是人生重要的一大步驟。這也是現今社會許多孩子無法適應學校生活的原因之一，注重群體所以「共識」很重要，因為共識不同才需要「參與」。所以人必須避免個人主義，才能進行參與。在社會產業變遷下，家庭本身即已改變，家庭倫理及制度逐漸瓦解，所以社區營造是必須走入家庭的，並非非要堅守社區二字。

　　社區總體營造有些人認為是新的觀念，其實只是想在現在社會中透過策略恢復原有人的互信機制及凝聚的傳統。社會變遷後人漸漸習慣以法作為唯一評量的標準，但法律只是道德的最低標準，將會使社會更加冷漠。回頭談社會變遷，臺灣因工業化及全球化的因素，人口開始紛紛從各縣市往都市集中，這是一種不分宗親的人口凝聚，加上政治因素所造成的省籍情結下(外省族群本就大量居住於城市中)，人在此變遷中漸漸冷漠。再從空間來看，都市中早已看出改變。從社區來看，公共空間(public space)的重要性降低，也表示聯繫情感的空間漸漸失去功能。雖然許多社區有設置里民活動中心，但也漸漸表面化。除了社

區的角度公共空間功能性降低，人所生活的基本單元，家庭的基本空間規劃也出現改變。回到原本農業社會在鄉村出現的三合院或透天厝，仍有保留尊祖的神明桌及交流情感的開放空間–客廳。客廳原本是屬於較開放的空間，白天都是迎接客人來泡茶聊天的場所，在現在都市中則演變成私密空間，唯有少數人可以進入屋內來，更別說獨棟需經過院子的大宅院設計了。現在都市中的社區人只要不走出大門，則難以與人接觸，正個空間越來越私密，人與人的距離也越來越遠，也就一般所稱的疏離感。

當然，這樣的問題可從很多方面來看，例如從前婦女多未工作一早就會去買菜，市場即使第一個公共交流的場所。每日同一時間到達的麵包車、垃圾車或小吃攤，也是鄰里共同溝通情感的時間，到溪流洗衣的空間也是個溝通的場所。而出外工作的男人則在農耕場所，或者後來出現的大眾交通工具上可以獲得溝通的機會。現在的都市中這樣的場合已漸漸消失，或者是功能漸漸消失，而社區總體營造則是要解決這樣的問題，了解問題之所在，才能真正清楚為何必須推動之意義。

圖 39-1：傳統的三合院型式之一。

第
三
十
九
章

從
空
間
改
變
的
角
度
來
看
社
區
總
體
營
造

圖 39-2：透天厝的型式。

圖 39-3：客廳從前為白天開放的泡茶空間

第四十章　宗教與社區總體營造——以興仁社區為例

　　宗教在人類的歷史發展之進程上其實是擔任相當重要的角色，宗教可以跨越種族、國族及性別或年齡，也是一個社區總體營造發起的可行性策略。每當人在生活上遇到挫折的時候，都會去求神問卜，祈求上帝指引，而在生活滿足與開心的時候也會感謝其信仰的神明或上帝。宗教的力量是可以安定人心，位於高雄的龍發堂甚至可以用宗教來療癒精神病患。所以宗教本身就是充斥著人類的生活當中，也與人的生活息息相關。所以宗教本就可以成為社區中的重要角色，所以這個案例與其說是利用宗教，也可說是借用社區既有宗教組織來推動社區總體營造。

　　舉個例子來看宗教對社區總體營造推動的影響，例如嘉義的興村教會積極推動許多突破傳統的社區宣教事工，例如：社區兒童合唱團、兒童快樂週末營、成人查經班、社青團契、社區媽媽成長營、青少年智慧營、社區圖書中心、樂齡學習中心、社區演講及老人平安營等。於是慢慢的教會逐漸走進社區，並佔有重要地位。與其說是讓教會走入社區，其實教會本身就存在於社區當中，應該是說要

臺灣的社區營造策略分析

做的是教會信仰與社區工作的分離。過去的教會常因為過度的堅守宗教意識，使得社區中其他民間信仰較為強烈的人，無法接受由教會領導的社區活動。而興仁社區則是已防止過度渲染宗教意識，清楚了社區的發展方向，興村教會決定在所屬的「興仁里」成立「興仁社區發展協會」，開始社區營造的工作，所以以宗教來做社區營造本就是個可行的策略。這是一個標準藉由宗教力量來發起社區總體營造的案例。所以以宗教來發展社區必須清楚是以教會或寺廟號召大家對社區做事，並非以宣傳教義為主。

　　之所要談到這件事，主要是現在的宗教部分被會員制度發展所影響。現今臺灣部分宗教早已不再以社區為主要基地，宗教團體開始出現各種型態發展，例如以功德會或學院的形式出現，最後漸漸變成企業化及階級化，即使為剛起步之宗教團體也不再以興建寺廟或教堂為主，而以開醫院、辦學校大學、講堂、電視台、雜誌、月刊、外語期刊、環保教育站及科技公司等為主要目標。姑且不論此種型態的正確與否，如此的龐大的組織吸收臺灣大量宗教資源，勢必造成其他宗教團體發展之困境，並會局限社區為主的宗廟或教堂的推動空間。

　　回到社區營造的「策略」(strategy)，策略就是可以實現特定目標的行動方針。但是策略並非指專業的技術(techniques)，專業的技術並非社區主導者所需考量的，這是後續需要的協助。專業者本只是協助社區發現問題、

發掘問題及尋找可用資源或產業。過去許多社區工作者認為社區發展的三大目標為實質建設、生產福利及精神倫理建設。然而精神層面的再建設比其他建設更為重要，且現在的社區營造所做的實質建設或生產福利都是為了人的心理層面建設的提升。一般所謂的社區問題的解決，都著重於安全、衛生、環境或就業等問題。其實處理的重點為衝突問題，因為衝突才是真正會影響社區和諧的原因。所以不問策略為何，要讓社區產生凝聚力、歸屬感及認同感，繼而組織互信合作的社區，才能持續的發展下去。

實所謂的社區組織(community organization)也未必是必須新成立，凡舉社區協會、廟會、教會、水利會、農會、長青會、讀書會、社團或產銷班等，都可借用該組織的認同來推動策略。藉由原有組織的推動也可使後續推動更加順利，要建立社區凝聚力，必須要讓社區建議自力的意識。當然必要時也可尋找支援合作的團體，但要注意不可失去社區的主導地位必須堅持尊嚴。

圖 40-1：興村教會。

圖 40-2：興村生態花園。

第四十章　宗教與社區總體營造——以興仁社區為例

第四十一章　從交通工具的轉變來看社區總體營造

　　本章將談交通工具(Transportation Equipment)的轉變，我們看到許多與鐵道有關的社區營造策略，包括平溪、勝興車站、中油廢棄的舊鐵道重新改建的「嘉油鐵馬道」及新竹的內灣。本文並非要談這些景點利用廢棄或之前運煤或甘蔗的火車來發展社區總體營造的策略，而是要從交通工具的發展來談社區總體營造這件事。臺灣的交通工具從最原始的船、人、牛車、人力三輪車、手推台車，發展到摩托車、公車、汽車、火車、捷運、飛機及高鐵等等交通工具的轉變，其實與產業及社會政經發展有關。

　　臺灣原本的農業社會社會學 (agrarian society)，火車的出現原本運輸的功能本就非在載人，臺灣在工業化後，改以縱貫線為主要運輸通道的工業區，在中山高速公路完工通車後開始改變，沿高速公路旁的加工區漸漸興起，臺灣在資本主義的動員下成功扮演著代工的角色，此時的北臺灣與南臺灣並重，但公共運輸工具已漸分配火車原有的功能。然而臺灣在全球化的衝擊下原本代工的角色漸漸被其他工資更低廉的國家取代，為尋求廉價勞工以追

求最大利潤，資本家就選擇關廠及遣散工人。八〇年代晚期，在臺企業為了尋找廉價的土地及勞動力開始外移，城鄉移民加劇，「家」的組織也因此受到影響，原本移民者仍有的家庭觀念因此有了改變，原有的農村家庭結構被破壞，農民往都市集中，北臺迅速興起，南部雖仍有農村及農業卻十分衰敗。從許多火車之歌的歌詞中可以了解火車、鐵路、車站、月台及車票在當時的象徵，車站在地方上是怎樣的角色與地位。大多數的歌詞中不斷提到火車、火車站，而不提客運、客運站可以知道在五、六十年代鐵路的重要性。

從火車來看人對環境的感覺，今天已不復見火車南來北往，鳴笛穿梭山林的身影。舉例來看，從前淡水線的火車仍在行駛時，火車速度並不快，人經過景點時環境的特色可清楚的感受，且等候的時間及乘車的時間也是人的交流時刻。但現今快捷的交通工具行駛下，人對經過的景點無感，加上乘車時人手一隻手機，別說交談了，連最基本的觀察都已經消失，人自然漸漸的冷漠。快捷的交通工具為人帶來便利的生活，但卻改變了人的相處模式，換來的只是人的快速移動，而此移動下並未聯繫過的感情。所以以交通工具來作為社區營造策略的社區，所需考量的仍需包括如何尋找過去搭乘交通工具的情感與回憶。也就是搭乘社區的交通工具時可以給予搭乘者怎樣的感受。我們看到其他國家的案例，例如日本原本面臨廢線窘境的和歌山

電鐵貴志川線，因爲空間的改造成爲人氣觀光鐵道的例子。除從流浪貓變身爲貓站長的小玉（たま），加上草莓、玩具及小玉等特色列車，其實該列車並非豪華的裝潢，而是以木作保留原來的空間感受。重點是其所做的只是將原有的列車改變爲其他的功能，除遊客觀光功能外，更是兒童來體驗的列車，而其電車型態、車站內樣貌與感覺並未改變，所以倘若因而將列車或車站大改，則反而是成爲一個新興的商業遊樂園。所以社區總體營造的處理應細膩而敏感，避免被商業化影響了原有文化的價值。

圖 41-1：貴志川線內部木作空間的設計。

圖 41-2：貴志川線內部列車模型。

圖 41-3：草莓列車：公共交通工具都應為地方文化而宣傳，不應僅為商
業行為宣傳。

圖 41-4：貓店長與電車的結合。

圖 41-5：小朋友喜歡的扭蛋也在列車上。

第四十二章　凝聚社區的力量——迎回屬於地方的記憶

　　前章談到交通工具的演變，現在談到另一種力量。這個主角則是 1916 年 4 月 1 日隨著新北投線鐵路正式通車而啓用的淡水線新北投車站。該車站的設計與軌道呈「T」字型垂直佈設，有別於一般與軌道水平的車站。爲興建淡水捷運線，1988 年 7 月 15 日正式結束營運而廢止使用。當時文化資產保護尚未受到重視。臺北市政府隨後以 1 元象徵性將新北投車站賣給彰化臺灣民俗村。社區居民從未放棄讓火車站回家的願望，不斷辦理特展更集資募款。在各界努力下，新北投車站終於 2014 年 2 月 22 日臺北市及彰化縣文化局「喜迎車站」隊伍，將象徵車站的六個構件包括老虎窗、簷架雕刻等，從彰化送回臺北。拆解後的車站主體，目前仍在倉庫靜待最後的重組。姑且不論最後是否可以如願地在原址重現其文化意義，但卻也代表人對文化資產的觀念已經逐漸進步。對於北投來說新北投車站極爲重要的資產。

　　新北投是一個極具文化歷史背景及觀光資源的重鎮，這個社區除了溫泉，還充滿著濃濃的人文氣息，而古色古

香的新北投車站，更能增添文化歷史元素。新北投車站，有著許多人記憶中的故事，失而復得的車站更是具有意義，也是地方歷史教育(history education)的重要資源。

時間、空間與人，所以有關一個場所的歷史記憶如何重構，是件十分重要的事。不論是紀念形式、使用行為、或是場所意義等方面，十個十分重要的課題。時間的流逝是連續性的，即「現在」連續的漸漸會變成「過去」。過去的時間，所遺留下的事件資料，卻常是不具備連續性的，是零碎與時間斷裂的大量各式「史料」，整理這些史料，由過去的諸多遺存取材，書寫或論述而成為「歷史」(history)，所以整理些史料後的判斷十分的重要。人與建築的友善關係，在昔日的車站中人與人互動、購票及買賣，也是一種友善關係。迎回舊有紀念性建物其實是一種精神的療癒，只有地方自主營造的環境才能達到最佳的愈療效果。我們雖期待未來可以以社區意見以社區自主為原則來規劃，重新展現舊建築所代表的意義。但北投火車站在現址或非現址溝通過程中，顯然仍是以政府單位考量為主，歷史建築若離開了歷史發生的空間位置，其實不如在原址立個遺址牌的意義。現代化交通考量與文化資產的重要性，政府與居民或民間團體顯然並不相同，這也是臺灣遍面臨的問題，工家所有的文化資產主導權在政府，民眾無法改變「專業」的考量。而私人的歷史建築則涉及更多的利益問題，保留不易，文化資產保護的路，臺灣仍有很長的路要走。

圖 42-1：新北投車站風華再現海報圖(為 1916 年興建原貌)。

圖 42-2：相關募款及展覽。

圖 42-3：新北投車站回娘家活動。

第四十二章　凝聚社區的力量——迎回屬於地方的記憶

第四十三章　凝聚人心的公共領域——社區營造的重點所在

　　在現代化的都市中，人多在自己的個人世界中生活，不願體諒別人的困難或困境。前章已談過公共領域消失的問題，然而許多的重要事件的發生都與公共領域有關，例如發聲法國大革命的咖啡廳及引發二二八事件的天馬茶坊，所以公共領域是有其影響與力量。

　　所謂的公共領域（Public sphere）或「公共空間」（public space），並不一定指某建築物或空間。本文不多談如漢娜・鄂蘭（Hannah Arendt）與哈伯瑪斯（Jurgen Habermas）的理論為根據來說明，希望用較為白話的方式讓大家能瞭解其重要性。在過去臺灣經濟起飛的同時，也就是臺灣錢淹腳目的時期，其實並沒有太多人談論跟社會有關的議題。原因在於當時民眾的收入仍可支付所需，都市中的房價也並非像現在一樣遙不可及。且在威權體制下，談論社會問題容易被貼上標籤，人民也擔心遭受到白色恐怖的迫害，並不敢在私人領域以外討論公共事務。所以經濟的實質收益及威權政治某種層度減少了人對公共領域的需求。在過去不重視社會問題又只重視一些調查數

據，所以在部分做的調查是存在問題的。舉例來說，若有個調查發現精神病患大多分布在郊區，其實並非就等於某些區域的人比較容易患精神疾病，可能是精神疾病被社會所排擠最後造成邊緣化所致，所以還是跟社會有關。所以社會本來就是必須考慮的要項。但並不代表所有的量化研究都是沒有用的，而是必須考量各方面的因素，才能真正解決問題。

實際上要形成公共領域，當然必須有「共同性」有人認為共同的歷史、習慣、興趣、文化、習俗或價值是使大家真正聯繫起來的基礎，所以在社區內至少是要有共同的理想。我們只是希望在社區內先建立一個理性溝通的地區，但是所有溝通都能產生共識，只要做好理性的溝通，就存在再溝通的機會。但千萬避免個人太過主觀太過獨斷，會讓整體氣氛過於僵硬。在都市社區中或許先建立起良好的公共溝通領域才是社區營造的起步。也就是一般說的社區工作坊，可能是個涼亭可能是某個店家甚至是某個住家，只要願意跨出一步，一切就會實現。

圖 43-1：過去大樹下的公共空間。

圖 43-2：涼亭也是過去的公共空間。

第四十四章　人才是改變社會與空間的關鍵——社區營造就是處理人的問題

　　社會的改變雖然會受到政經等關係的影響，但最重要的關鍵還是人，同樣的政經環境改變，山地原住民的改變就顯然較少，穿山地的服飾依然還是驕傲的，山地的慶典對他們來說仍然是重要的。雖然山胞已被原住民這個新名詞取代，但何謂原住民？他是原本就存在這個土地的民族，為何要以原住民來稱謂？為何不把後來的稱為外來民？從此看出來臺灣先來開墾者漢文化為主的型態仍然嚴重。除了閩南客家族群外，原來居住的叫原住民（aborigines），大陸來的叫外省人。我們從過去平埔族文化、語言等消失的脈絡，即可得知漢文化對臺灣的影響。

　　再回頭來談人，社區的問題就是人的問題，人的問題解決了，才能談社區營造的策略與方法。人怎麼影響社會與空間？人往北部都市集中，目標是為得到更佳的經濟利益。但瓦解了大家庭結構，原本家裡的大家長，從經濟來源的主要地位，轉而靠出外工作的子女奉養。在此結構下的變化，最後切割了原本的父權倫理關係。甚至視鄉下的

產業為落後，視鄉下的父母觀念為老舊。最後演變成小家庭時，父母與子女的關係出現變化，父母都外出工作為正常現象，因過去多子的情況，婦女在家扶養 3 至 8 個小孩自然無法工作，但在少子化後，一切自然產生改變。父母因工作疏離了與小孩的溝通，父母與子女的關係就已分裂，更何況是家庭與家庭的關係。從前農耕社會，感謝天與神賜給我們豐收，感謝大家長帶領大家，生活中充滿感謝。但現今社會小孩生來即有父母的援助，而這個援助已經改變。農耕社會中母親早上起來煮粥的年代已經消失，取而代之的是金錢的給予。實際上，過去的人是為了得到更好的生活而工作賺錢，現在的人則是為了工作賺錢犧牲了原有的家庭生活。

　　臺灣過去的經濟奇蹟是架構在人勤儉的習性，拼的是如何「降低成本(cost down)」生產「物美價廉」的產品，即所謂的代工。但現在社區經由策略「提高價值(value up)」更重要，所謂的價值應為在地的文化本土價值，而這個價值必須藉由人來創造。

　　所以人的改變並不容易，必須先認清現有的狀況，從教育上去改變現有的觀念。現實的社會改變了人的態度。舉例來說，從前的人寒窗苦讀，為的是光宗耀祖，所以自己努力的唸書。現在的人則變成靠父母「栽培」，甚至於許多的小孩在大學之前，所有一切都必須由父母決定。與其檢討學校教育的問題，更應該檢討家庭教育的問題。舉例

來說，倘若孩子希望唸餐飲系，父母可能因為其經濟經驗判斷而要求其唸更符合經濟效益的科系。更可能極力想在兒女身上複製自己的成功經驗，通常容易達到反效果。對社區來講，同樣的也可能出現複製其他社區成功經驗的狀況，因為觀念上比較容易成功，比較沒有風險，就是同樣的心態。

社區營造就是希望改變人的疏離，凝結成集體的行動來處理其共同面對社區的生活議題，解決問題。所以要先看所處社區的家庭型態，這是必須要了解的，我們常看到許多社區的提案報告上，分析人、族群、男女何年齡等統計資料，但最後的社區策略報告，卻往往無關太大關聯性。而其實這樣的報告應該更為細膩而且必須走入家庭。臺灣的社區營造仍然過度的依賴政府的資源，即使在社區中也期待由遊客進入社區來採購社區生產。反觀日本很多社區營造是自己做自己送，由貨車送至消費者家中，以面對面的方式銷售。所謂的銷售所得應該歸社區救助或發展使用，並非某店家或某產品在社區中獨得利益。當然，這是較後續發展的問題。

所以要處理人的問題，必須很明確知道人的狀態，所以社區營造並非在社區營造一個公共空間或領域，舉辦活動等待人的參與，而是必須走入家庭去瞭解，當社區也變成一個家的感覺，整個社區政策的推動就更容易了。

圖 44-1：設計臺北的 26 種在第行動展海報。

圖 44-2：2014 臺北社區營造國際論壇海報。

第四十五章　社區總體營造的重要性——
以嘉義紅毛井社區為例

　　在臺灣過去農村社會村莊及家族為最基本的生活空間，村莊及家族間有著別於法律的約束力量，也是維護社會秩序(social order)的基本力量。當時的政府只須好好處理無業遊民，並不會有過多社會問題。在社會變遷後，新的群眾關係的建立是件十分重要的事。事實上社區營造的推動並非一定要有實質環境的改變或建設，有時只要些許修補式的設計即可讓整體氛圍改變。前文已談過人的問題，若社區居民認為現有社區環境都可以滿足，只要加強人的情感聯繫或維持即可。臺灣的社區營造推動後，許多社區尋找到改變的策略後，並未以自主方式改變而是委託專人向政府提案。政府接受提案經過「專業者」審查後，交由社區委託者進入「輔導」完成。但往往會在此執行過程中使社區營造變了調。這也突顯臺灣在長期被殖民或威權政體(authoritarian regime)統治下，對執政者的依賴性。所謂社區營造的成果，也都常視政府的表揚與得獎而定，自然出現仿效得獎的社區的狀況。舉例來說，從前各社區入口擺設的白色大石題字，即隨處可見。談到題字文

化，在過去之所以題字，主要是題字者之地位與墨寶有著一定的意義，對地方或景點有加分的效果，題字爲其所書寫的文字。反觀現今之題字多爲電腦字體，題字的目的變爲提醒民眾某人對地方的貢獻，已失去了原有的意義。

之所以以紅毛井社區爲例，並非該社區做了多完美的策略，而是要探討另一種社區營造的態度。紅毛井社區爲300多年前荷蘭人統治下東印度公司所開鑿的井而得名。社區內主要是以傳統市場爲中心，市場本就是個人凝聚的場所。在這個社區內除了社區的文史調查外，各項社區舉辦的活動都以社區內部共識凝聚爲主。許多外來的遊客到了這個社區看到了社區「公園」，常會感到慘不忍睹，那是現代人都難以擺脫對「公園」的刻版印象，或許社區中如此的型態即已足夠社區居民對「公園」的想像，這些公園的建立的意義其實是居民自力將原有垃圾場變成爲公園的過程。社區中舉辦的端午節包粽、中秋節賞月、重陽節敬老、植樹計畫、運動計畫及趣味競賽等活動，多注重社區內人的溝通與感情交流，正當社區逐漸凝聚了濃厚的情感與自由包容的社區氛圍，自然能夠處理社區內的問題。本文不論該社區後續作社區彩繪等營造的適當性，該社區以社區爲主的自主態度實爲社區營造的重要元素。社區在建立社區營造策略時，不應輕易遺忘此原則。臺灣因過去國共長期對峙的結果，臺灣人民得以不分族群的產生共同意識，這也是臺灣執行社區總體營造的優勢之一。

圖 45-1：紅毛井社區的紅毛井。

291

臺灣的社區營造策略分析

第四十六章　社區總體營造與選舉活動的界線

　　前章節談到人的改變，應該說是價值觀（value）的改變，而這種價值觀的變化，一般認為並非學校教育的改變，而是來自於家庭。舉例來說，家庭中父母減少了與子女參與共同完成事項的時間，取而代之的是用金錢購來的完成品，其實意義上完全不同。倘若父母漸漸習慣用金錢來滿足兒女的慾望，久而久之自然影響子女對價值觀上的認知。再從學校校慶園遊會來看價值觀的改變，從前由師生籌畫及販售的園遊會，已經逐漸演變成委託商家到學校來販售。整體社會價值觀已經改變，所以從前由公司團體或學校等員工或學生自主製作元宵節花燈，若改以金錢委託製作商代為製作參加燈會，意義自然不同。

　　從這方面來看社區營造，倘若社區居民都以如此之價值觀來看社區事務，容易上社區的主導權回到威權時期的面貌。也就是說社區居民若僅出金錢，社區事物讓其他人去做，社區居民只是認同社區的做法，由地方的民意代表委外執行，而自己只是參加而非參與。這種方式並無法有效凝聚人心，使社區參與無法具體實踐，使居民成為社區

的旁觀者。而民意代表則涉及複雜的政治選舉，使社區營造產生了意義上的改變。當然，並非指所有民意代表都是如此，還需視個人之地方認同感與對文化的認知。

　　選舉在臺灣雖是一種動員的力量，但也容易因為劃分藍綠或統獨的政治立場不同造成更大的裂痕。更何況有特定立場的活動或政策，都會使社區營造變了調。亦有可能因為急於在任期內表現政績，而欠缺較長期長遠的思考。所以本文要談的價值觀問題，改變價值觀也就是改變社區營造推動的阻力。所以改變價值觀必須由家庭來做，面對價值觀普遍錯亂的區域，社區營造要做的教育就是價值觀的重建。當然這並不容易，因為許多人心智已經固化，並不容易改變。而且教育的技巧性不足，容易被認為是將自己的另一種觀念強加於別人身上。但面對現今經濟掛帥的同時，現在不做，後續這類問題會更加嚴重。本文的檢討並指任何社區，而是期待藉由各方面的反省，讓社區更容易執行有效的社造策略尋求社區永續發展的道路。

圖 46-1：臺灣強大動員的選舉活動。

臺灣的社區營造策略分析

圖 46-2：臺灣的大型選舉造勢晚會。

第四十七章　網路世代的迷思

　　現代的年輕族群可能會認為怎麼迄今還會強調如此笨拙的方式來凝聚社區力量?如在網路成立社團或粉絲團自然可以凝聚人來加入,此時網路分享與交流即成為一種容易的事。網路上每個人都可在社團上暢所欲言,也可對公共政策提出意見,但這並非社區推動社區營造初期即可運用的最佳策略。

　　分析網路的虛擬世界,在網路分享的內容其實大都已經處理過,在網路上分享的多屬於片段,有些人藉著網路分享自己的美好片刻,或者分享憤怒或悲傷。久而久之人容易被「讚」或留言所左右,或被已讀不回所困擾,也越來愈多網民視達到讚的數量來決定是否要做某事,有些發言甚至只是寫數字 1,讓觀看者安 2,3,4……,或+1,或者其他意義不大的問題,這也是被網路環境影響的結果。具有特定目的呈現,也易讓分享的內容距離真實越來越遠,同時觀看者也並非真實的回應,這樣的了解太過片面。舉例來說,某日看到標題寫某民代疑似關說的新聞標題,點閱後發現其實是說明某民眾誤會該民代關說等內容,但觀看留言百分之九十都是在罵民代為何關說,這表

示實際會點開內容來看的人越來越少，但現在的網路標題越下越所聳動，也讓許多事情的真實面貌難以呈現。

所以社區營造要找回的是過去人在大樹下談天溝通的感動，網路建構的社群媒體（social media）並不能代表全部的生活，更無法取代真實的空間。網路的凝聚可能只凝聚了表象，只有文字或貼圖的溝通並不易讓人了解真實的感受。倘若所有的分享都預設了怎樣的「成果」，而那「成果」卻往往與分享事件無關，則會失去事件本身的意義。舉例來說，某人分享了他對社區公共政策的看法，而對這個看法的認同常常是取決於點閱率或「讚」的數量。然而，事實上點閱與按讚都並不一定是表達認同，按了並沒看內容的大有人在，這樣的討論與凝聚並不容易。當這樣的事務充斥在我們的社會中，其實整體來看並非是好事，而只是個流行的迷思。

現在的年輕族群大都是從小就伴隨網際網路成長，這些族群的思維、溝通方式、吸收資訊的管道，都已與過去網路尚未發達時所不同。所以不可否認的是在網路上的社區展示本來就是必須要的方向。但令人擔心的是網路替代了人開口獲得知識的能力，也影響了人真實溝通的能力，更易讓人沉迷於網路的虛擬世界，產生虛擬與現實的混淆。所以社區營造要的是真實社區的營造，而非於網路上的「社區營造」。

事實上，網路的表達並非完全沒有功能，不但是有影

響更是趨勢。只是在社區營造推動的初期並非是最好的方法或策略。若在社區已有初步凝聚成果後，卻是一個很好的消息發布及通知展現管道。但不建議於社區營造的初期即都已網路作爲聯繫的方式，因爲也可能因此失去了社區中最具「回憶」的族群參加。眞實社區的存在必定比只有在網路世界中的社團更爲具體。

圖 47-1：手機架熱賣，連吃飯都不離行動電話的世代，網路成爲生活中重要的一環。

第四十八章　以環境教育與社區營造結合的策略——以汐止區中正社區為例

環境教育法自 100 年 6 月 5 日起實行，環保局為配合環境教育法之實施，積極輔導轄內「環境教育設施場所」認證，建置優良的環境教育學習場域，以提供民眾優質的環境教育使用。但一般的環境教育場所很少以社區為基地。以新北市來看通過認證的機關為翡翠水庫環境學習中心、阿里磅生態休閒農場、野柳地質公園、新北市永續環境教育中心及雲仙樂園等，但是汐止中正社區做到了，因為環境教育法的實施，許多單位每年都必須上 4 小時的環境教育課程，中正社區建置有生態廊道、低碳示範道路、黃金資收站、環保小學堂等多項環保設施，作為環境教育場所是十分合適的。當然是有賴於社區長期致力於環保、減碳、永續工作之推廣，絕非一天即可形成的。

中正社區以自助的方式向水利局認養公有地，營造成多樣化的生態池，結合社區環境營造，創造優質水岸空間。該社區也完成號稱一條會呼吸的道路，係採用生態工法，道路底下兩旁能儲存雨水，24 小時空氣循環流通，無

論怎樣的工法，這是一般看到的社區營造案例都可能看到的社區生態改造案例，但該社區善於使用鄰近的資源，我們看到了環境教育(environmental education)與社區營造結合的可行性。

環境教育對象包括政府機關(構)、公營事業機構、政府法人機構之所有員工及高級中等以下學校之教職員，機關、公營事業機構、高級中等以下學校及政府捐助基金累計超過百分之十之財團法人機構應訂定環境教育計畫，並列明其所有員工、教師、學生均應每年參加四小時之環境教育，並每年用網路申報執行成果。環境教育的重點是學校都必須參與，老師有了正確的環境教育理念，教育的下一代自然會有所認識。故這是十分重要的事，而到了這個社區除了可體驗環境教育外，更可看到社區凝聚的精神，不僅可看到生態更可體驗人情味。

但是環境教育法所規範的「環境教育」為環保署所主導，政府部門主導的視務多會造成僵化的情況。原因在於政府單位的如影隨行，讓所有的公務員必需以自保的態度生存。而政風部門常捕風捉影的無限上綱本身的權利，公務員為避免樹大招風造成的困擾，漸漸變成綁手綁腳的行政功能，在此情形有什麼事情可以盡力去完成？這也是一種惡性循環，有權的人動彈不得，民眾則嗷嗷待哺期待政府的改變。或許需要有遠見的執政者才能改變如此的窘境。

圖 48-1：社區居民拍攝結合公共工程的擋牆美化。

圖 48-1：中正社區的生態廊道。

第四十九章　尋找過去記憶中的醃製的甜蜜——以泰山世界土風舞協會為例

　　臺灣有著豐富的文化蘊底，有著許多過去的記憶，現代化的食品工業取代過去傳統食品。所有食品的品質要求，往往出現了臺北標準，在臺北也很難見到不是圓的番茄、番石榴或西瓜。過去人說沒吃過豬肉也看過豬走路，現在人卻是吃豬肉容易，很難看到豬走路。但不論如何過去仍是無法抹滅的記憶，因為它帶給人深刻的情感，並有著濃厚的「抓地力」，與社區過去情感緊緊相繫。

　　過去的記憶可更很多方法來回憶，如社區繪本、影像或產業，前章都已談過。今天要談的是一個過去分享的記憶，說是個產業，其實是家庭 DIY 的「產業」。在過去蔬菜短缺的年代，許多家庭會醃製一些酸菜、泡菜、醬菜、醬豆腐、鹹鴨蛋、瓜果等食品。在過去許多家庭都會 DIY 醃製，在分送給鄰居，這是一個分享的機制。這樣的食品有著相互分享的機制，也有著相互的信任。更何況當時很多是自己栽種及自己醃製，群聚大家製作過去共同記憶中的食品，更能激盪社區居民的互動與關懷。從環保層面來

看，醃製品也可消化一些品項較差的食品避免糧食浪費。所以社區營造並不一定要尋找過去的大型經濟產業，即使是過去曾經擁有的小小感動，也可能成為社區前進的動力。所以分享也是社區營造的策略之一。

　　所以會以這個協會為例，主要是他們正式努力在尋找過去的感動，不論是任何團體都可以找到社區的潛力。無論是逗陣搓湯圓、醃製班活動，或是像草屯御史社區的作粿班，具備了凝聚的力量與過去的回憶。

圖 49-1：記憶中的醃漬品。

圖 49-2：簡單惜福的食品。

第五十章　社區營造與觀光旅遊——以深澳社區為例

　　我們鼓勵社區自主建設，但許多社區居民會認爲有些建設很難靠地方自主的經濟能力來完成。其實所謂的自主，是指社區居民必須主導這些建設的規劃與內容。重點並不在於建設後的實質成果，而是在建設過程中的相互學習。現今社會的問題在於「學習」（learning）無法跳脫書本、教室與特定教授或有名人士。所以離開教室的同時也失去了學習，當然教室其實包括任何教學型態的空間。但是所謂的「終身學習」並非指在特定空間的學習模式，學習也並非爲了取得特定的文憑與資格。本章並不討論哈珊等學者對終身學習所提出的論述，而是概略的讓讀者瞭解學習的眞正意義。「教室」環境所產生的教育科目受限於各種因素，即便是通識課程也多指向工具化發展，使學習成爲一種沉重的負擔。而通識教育的重點是能運用學習去理解生活經驗的教育，並非在本職學能上在強加另一種新的專業技能。

　　然而觀光（tourism）與學習有何關聯？主要是分享社區營造所創造出來的觀光，應該是一種以學習爲態度的旅行

觀念。所以社區營造的策略若以觀光為發展目標，則必須研議社區給來訪民眾學習的目標。社區營造要做的不只是社區內部的學習，更可能是給予其他其他參訪者各方面的知識。經由社區的內部溝通定出學習的目標，而社區溝通的方法應視社區的人口結構或實際狀況等因素定出團體溝通的方式，本章不談所謂的配對組法、六六法或金魚缸法等制式的方法，因為部分的固定模式規定反而會限制溝通形式的自由發展。而本次取深澳社區為例的原因，主要是這個區域是一個具有潛力，但尚未成為一個正規的觀光景點的地區。前幾年社區民眾反對臺電即將興建的卸煤碼頭，讓這個區域引起各地的關注。過去深澳發電廠造成社區環境污染及噪音，已造成社區居民的痛苦回憶。深澳地區具有壯觀的印地安人頭岩及象鼻洞、傳統漁港、礦業、軍方及臺電形成的聚落或建築，類似野柳的北海岸地形，加上藍色公路及建基煤礦與深澳發電廠等工業遺址，這是臺灣難得出現的文化圈。但此處具有的觀光潛力，並非指參觀特定風景或風貌後進行商業活動後離開。而是遊客只以學習的態度進入社區一同學習的社區深度文化之旅。觀光與社區作結合，來訪的旅客重點在與瞭解社區文化，對社區留下印象，並於旅遊中學習環境與文化各層面的知識。這是以觀光為發展策略的社區所必須注意的重點，否則觀光容易被大量的商業行為影響，為滿足觀光客 的需求，提供交通、餐飲、商品、水電、旅館及娛樂設施，這

些基礎設施若無妥善規劃設計，非常可能會使觀光地區失去原有的風貌，也就成為社區自我摧毀（self-destrucition）的狀態。當社區居民與商業行為及外來觀光客如呈現對立狀態時，社區將會面臨更大的問題而產生摧毀的危機。

　　所以社區在招來觀光行為前，應先凝聚社區意識（sense of community），確認社區自我文化與內部與外部學習目標，讓觀光客可以「參與」社區而非「參觀」社區，才能保存社區的精神永續的傳承下去。

圖 50-1、圖 50-2：象鼻岩及特殊的海岸風貌。

圖 50-3：深澳漁港美麗的風貌。

第五十一章　地方經濟集團化的影響

　　本章討論社區重要資源的遺失，在過去，許多企業與公司都有其地域性，企業有者「取之於社會，用之於社會」的精神，對社區鄰里、地方團體、地方學校或地方宗教，都會保持著良好互動，並建立友好關係。以過去村里祭祀圈中，許多宗教祭典地方企業必定是負擔一定比重的共同負擔祭祀經費，這是過去企業與社區的關係。當然，在當時的選舉活動並不會需要過多的企業捐款，所以現今的選舉活動某種程度也吸收了一部分社區的資源。舉例來說，過去臺陽公司在瑞芳基隆一帶採礦獲利，集會捐地給地方蓋寺廟或造橋、舖路或蓋學校。但現今這個現象在地方經濟集團化後漸漸的改變。

　　在全球化競爭激烈的商業環境下，原本在地的企業為了追求利潤極大化而漸漸的增加企業經營規模，透過資源共享來達到提高競爭能力的，並降低經營的風險。但這樣的改變下，其實改變了社區的發展，也讓社區失去了部分重要的資源。本文並非要探討經濟學的問題，而是從各方面來探討社區的問題，也能看到社區資源的遺失，原本臺灣的企業主要服務的區域在地方，人與地方企業關係是密

切的，是否爲地方企業有著一定的優勢。舉例來說，從前的人習慣在地方上某一家店舖購賣物品，久而久之成爲習慣與信任，其他商家不易在陌生的地方發展。當時社區居民工作、家庭、社區三者息息相關，但這在地方經濟集團化後，發生了巨大的改變，公司規模變大，除與社區關係漸行漸遠外，制度化的組織也影響了老闆與員工的關係，老闆與員工不再像過去一樣密切，反而是注重於股東的互動，所謂的「取之於社會，用之於社會」也多變成捐款給慈善團體。從個人層面來看，所以從前中小企業的老闆賺錢，員工必定得到回饋，但現今的狀況並不見得如此，所以現在才會有企業強制分紅的討論。

我們討論這個現象的轉變，在現今的社會中，要原有的企業再回到原有的狀況，其實有其困難度。因爲臺灣在工業化的過程，出現了城鄉差距，造成部分企業將鄉村視爲「落後」，反將前進都市視爲一種「水準」的提升，影響了後續企業往都市集中的現象。所以唯有建立社區的文化特色讓企業以發跡的社區爲榮，讓企業找回在地認同。舉例來說，就是類似美國或日本職棒的在地意識，當所屬球隊勝利，即爲地方的榮耀，企業的成功即爲原有故鄉的驕傲，企業也以地方爲榮，並以帶動地方爲責任。這就是所謂的在地化地理學名詞（localization）認同的精神。所以當社區在推動社區營造的同時，必須先瞭解社區原有的狀態爲何？何種資源消失？人的改變及其他因素，清楚了這些

脈落，才能有最有效的方法來營造社區。

圖 51-1：大甲的在地企業，產品、公司與地方息息相關。

第五十二章　眷村精神的傳承——以忠貞新村為例

　　眷村(Mainland veteran villages)聚落有著獨特的空間配置，前章以提到彩虹眷村的空間藝術性創造，本章則為討論眷村的精神所在。其實眷村的居民本就比其他社區居民來的容易凝聚共識，雖然其並未像臺灣過去漢民族宗親為主的血緣聚集，也如同臺灣人口前往都市集中般，並非所有居民都來自同一故鄉，但在軍中階級服從的制度下，意見容易達到共識。舉例來說，從前生活於眷村中的孩子做錯了事，可能不只受到自己父母的責備，而是受到全村的責備，因為眷村其實就是一個大家庭。

　　近年眷村都出現許多保留的聲浪，但處理的方式多只是將原本眷村空間改為藝文空間或者文創空間，只保留了建築物的軀殼，卻沒保留原本的精神。雖然眷村現已失去原有建築時的主要目的，但並不代表其沒有存在的價值。過去眷村的居民擁有共同的環境、建築、職業類型、歷程及愛國意志，為反攻大陸作準備，並沒有長期居住的準備，為國家為民族一切從簡，共體時艱，居民是在困難中相互扶持。在強烈的愛國情懷中達到團結的狀況，這是一

個休戚與共的生命共同體的理念。這類社區內部早已凝聚，但是這類族群所聚集的社區卻隔離了外省族群與其他族群的接觸，我們從眷村子弟多也以從軍為志向來看到這個狀況。但也因眷村不願輕易改變既有生活方式，面對臺灣工業化所造成的遷徙，對眷村的影響有限。以下從案例來看眷村的精神。

中壢的龍崗忠貞新村，是 1954 年所建，居住在此的多為滇緬的孤軍，從過去「異域」的小說或電影可以瞭解當時的狀況，大時代下的孤軍在戰爭期間每逢國慶日都會搭建司令臺來升旗，所以來臺後升旗臺即為眷村中重要凝聚人心的空間，也是眷村及發起者中最有記憶的場所。社區中某位張姓重要人士就對國旗有很深的感觸，過去對國旗的記憶在心中有著重要的地位。其邀集社區民眾在社區中懸掛了千面的國旗，讓街道成為旗海隧道，而其所經營的雲南美味餐飲店，也就成為了國旗屋，而其本身更致力於雲南打歌的傳承。本文並非推銷地方與餐廳，更與政治無關，而是要強調眷村所展現出的精神。

眷村之所以有保留的必要，在於其過去所擁有的特殊文化與精神，而這樣的精神其實是一種跨時代的學習，以現今網路文化充斥的年代，在網路上所有給予知識的人都是「老師」，更何況是實質的社區教育（community education），而社區所展現的精神就是能讓參觀學習者在體驗中自我超越而成長，所以保留社區精神所在，是十分重要的。

圖 52-1：位於計畫道路用地的忠貞新村的國旗屋。

圖 51-2、圖 51-3：雲南米干與發起者的背心。

圖 51-4：自辦一年一次的國慶升旗典禮。

圖 51-5：十分特別的雲南打歌舞。

國 家 圖 書 館 出 版 品 預 行 編 目 資 料

臺灣的社區營造策略分析／柯一青 著. —
初版.—臺中市：白象文化，民 104.09
　　面：　　公分 —
ISBN 978-986-358-201-4　（平裝）

1.社區總體營造　2.個案研究　3.臺灣
545.0933　　　　　　　　　　　104010546

臺灣的社區營造策略分析
建議售價・350元

作　　者：柯一青
校　　對：柯一青
編輯排版：林孟侃
出版經紀：徐錦淳、黃麗穎、林榮威、吳適意、林孟侃、陳逸儒
設計創意：張禮南、何佳諠
經銷推廣：何思頓、莊博亞、劉育姍、王堉瑞
行銷企劃：張輝潭、劉承薇、莊淑靜、林金郎、蔡晴如
營運管理：黃姿虹、李莉吟、曾千熏
發 行 人：張輝潭
出版發行：白象文化事業有限公司
　　　　　402台中市南區美村路二段392號
　　　　　出版、購書專線：（04）2265-2939
　　　　　傳真：（04）2265-1171

印　　刷：普羅文化股份有限公司
版　　次：2015 年（民 104）九月初版一刷

設計編印

白象文化｜印書小舖
網　　址：www.ElephantWhite.com.tw
電　　郵：press.store@msa.hinet.net